交通应用文写作教程

主　审　辛　华　邓　林
主　编　龙彦君　卫欣玲　张　晓
副主编　于新鑫　段凌燕　李　腾

北京理工大学出版社
BEIJING INSTITUTE OF TECHNOLOGY PRESS

版权专有　侵权必究

图书在版编目（CIP）数据

交通应用文写作教程 / 龙彦君，卫欣玲，张晓主编. -- 北京：北京理工大学出版社，2023.7

ISBN 978-7-5763-2565-2

Ⅰ. ①交… Ⅱ. ①龙… ②卫… ③张… Ⅲ. ①交通-应用文-写作-高等职业教育-教材 Ⅳ. ①U

中国国家版本馆CIP数据核字（2023）第125722号

出版发行 / 北京理工大学出版社有限责任公司
社　　址 / 北京市海淀区中关村南大街5号
邮　　编 / 100081
电　　话 / （010）68914775（总编室）
　　　　　（010）82562903（教材售后服务热线）
　　　　　（010）68944723（其他图书服务热线）
网　　址 / http：//www.bitpress.com.cn
经　　销 / 全国各地新华书店
印　　刷 / 涿州市新华印刷有限公司
开　　本 / 787毫米×1092毫米　1/16
印　　张 / 14.5　　　　　　　　　　　　　　　责任编辑 / 徐艳君
字　　数 / 342千字　　　　　　　　　　　　　文案编辑 / 徐艳君
版　　次 / 2023年7月第1版　2023年7月第1次印刷　责任校对 / 周瑞红
定　　价 / 48.00元　　　　　　　　　　　　　责任印制 / 施胜娟

图书出现印装质量问题，请拨打售后服务热线，本社负责调换

序

在新时代中国教育事业发展进程中，职业教育的迅猛发展无疑是一个鲜明的亮点。随着办学理念不断更新、办学机制不断完善、人才培养模式不断创新，职业教育不仅培养了一大批职业性专门人才，而且在对接产业和区域经济发展的过程中，业已成为服务整个经济社会发展的重要战略基础支撑。

高等职业教育的培养目标是造就全面发展的"职业人"。教育家蔡元培先生曾经指出，"教育者，养成人格之事业也"。高职人文素质教育是职业教育的重要组成部分，是一种职业形态的人文教育，它所追求的是在培养学生一技之长基础上，全面提升学生的综合素质，服务学生的未来发展。因此，以"德技并修、交融成才、知行合一、通达天下"理念为指导，创办有交通特色的高等职业教育，成为陕西交通职业技术学院广大教师的自觉追求。

"应用文写作"是陕西交通职业技术学院开设的一门基础课，也是一门人文课。平心而论，在大家林立和精品众多的应用文写作教材中，要想重新建构一门课程并打造一本颇具创意与特色的教材，实在不是一件容易的事情。这些年来，学校语文教学团队坚持"契合专业人才培养目标、契合职场工作需要、服务学生职业生涯持续发展"的原则，以职业活动为导向，以项目任务为载体，系统设计课程模块，实现了课程的项目化建构；在学校的支持下，建成了校级精品课并积极推进省级精品课创建。为了更好地推进课程建设和教学改革，进一步凝练高职"应用文写作"的课程特点，展示教师的思考与探索成果，语文教学团队遵循"服务人的发展"和"完善职业能力"的课程建设目的，围绕高职人才培养目标，对原《交通应用文写作》做了全面改造，形成了内容更新、形态创新的教材。一是重构了"基础模块+通识模块+专业模块"的教材编写体系；二是适应职业化转型需求，改善了结构设计；三是顺应时代变迁和社会发展，更新了大量的范文和案例；四是根据在线课程建设需求，增加了拓展学习的信息化资源。其根本目的是使新教材更加贴近时代、贴近职场、贴近学生。

一门课程及其教学资源的构建需要不断研究、不断实践、不断完善，在学校改革发展过程中，年轻教师的可贵探索成果令人欣慰、值得鼓励，同时也期待着语文课程建设在今后的实践中日臻完善。

是为序。

杨云峰

2023 年 1 月

前　言

为贯彻落实党的二十大精神，本教材从培养爱党报国、敬业奉献、德才兼备的高素质技能型人才、大国工匠目标出发，基于高等职业院校公共基础课教学改革和职业化转型的需要，积极探索新时代高职学生基础课程思政教育教学，坚持"社会主义核心价值观导向""解决实际问题导向"的原则，以职场情境为背景，以学生为主体，以写作任务驱动、引导学生主动进行应用文写作的实践，在有效提升学生应用写作能力的过程中，引导学生深入社会实践、关注现实问题，从而培育学生经世济民、诚信服务、德法兼修的综合职业素养。

与同类教材相比，本教材有五大特点：

（一）内容渗透思政育人

教材在课程已构建的"体国情、社情、母语情""明行文规、做人理、处事理""敬畏法度、遵规矩、守信用"等校级课程思政案例基础上，将"工匠精神、创新精神、理想信念、社会主义核心价值观"等二十大精神渗透落实于教材的"小贴士"和"例文赏析"等具体环节中，使学生学习教材之余，能够进一步积识成德，将对精益求精、严谨专注、持续创新等工匠精神的追求，潜移默化地融于写作训练过程中，提升应用文写作课程的思政育人效果。

（二）内容编排体现职业轨迹

教材在"通识基础、融合专业、拓展素质"三位一体的多元模块化体系框架下，构建了"基础模块+通识模块+专业模块"的教材编写体系。教材内容按照学生职业生涯发展轨迹创设了校园生活、初入职场和职场进阶三大学习情境，每个模块包括10~13个不同文种的写作任务，涵盖了职业院校学生就业所需的30个重要文种，能同时服务于各专业不同岗位需求的各类学生和社会学习者，扩大了教学容量，增加了教材的灵活性和适用性。

（三）结构设计基于职业化转型

教材设计侧重于本校交通工程类各大专业群，坚持"以就业为导向""以实用为目标"的原则，以交通工程类专业群涉及岗位职场设计情境，立足学生职业能力和素质的培养。例如："任务情境"栏目预设职场情境，结合具体岗位激发学生兴趣；"任务指南"栏目按照写作步骤讲解文种知识，并配合写作模板，指导学生完成写作任务；"例文赏析"栏目供学生体悟、模仿、借鉴范文的规范表达；"评价标准"栏目对学生获得的写作能力进行综合测评。教材列表格、分步骤、结构模板化等知识呈现方式，不仅避免了多数传统教材乏味陈述的弊病，而且能帮助学生改进思维方式，养成清晰表述的良好写作习惯。

（四）职场任务驱动打造高效课堂

教材采用以解决问题、完成任务为主的多维互动式教学方法。学生接触到的不是枯燥的理论知识，而是与"主人公"一起"身临职场"，接受工作任务，理解、分析、归纳职场文书的写作方法，主动模拟完成写作任务。教师依据"任务指南"进行教学指导，学生课后可通过"评价标准"对已完成的写作成果进行标准化比对，真正引导学生体验到"做中学"的乐趣，从而达到易教乐学的效果，大大提升课堂教学实效。

（五）训练体系适合高职学生

基于高职学生的学情和特点，教材内容深入浅出，案例贴合专业，后期还会有配套的习题集。针对高职学生下笔难的现状，教材设置了层次丰富的训练体系："任务情境"以学生从校园走向职场的人生历程为脉络，自然串联起多个职场写作任务，激发学生学习兴趣；"任务指南"介绍相应文种的精要知识，从文种基础知识、结构、写作要求等方面为学生完成任务提供精要指导；"评价标准"附有评价标准，可以检验教学效果。教材后期设置配套习题册，便于学生课后进行综合训练。整本教材训练层次清晰，富有梯度和弹性，能帮助学生科学、扎实地提高写作能力。

本教材同时引用信息化资源，以二维码形式，为学生提供了与教学内容相关的知识与案例，增强了学习的趣味性，课程团队建设的校级精品在线课程"应用文写作"与本教材配合同步教学，便于组织线上线下混合教学。

本教材是在辛华、龚雯主编的《交通应用文写作》基础上进行的改编及更新，编写和出版过程中，辛华、龚雯、邓林、段凌燕给予了大力支持。本教材是陕西省教育科学"十四五"规划课题"提质培优背景下应用文写作课程模块化构建研究"和陕西高等职业教育教学改革研究项目"交通类高职院校'思政课程'与'课程思政'协同创新的研究与实践"的阶段性成果之一。

具体编写分工如下：辛华、邓林担任主审；龙彦君负责编写基础模块、通识模块中的校园科技文书、求职文书和公务文书；卫欣玲负责编写通识模块中的校园日常文书、事务文书；张晓负责编写专业模块中的法规类文书和工程类文书；于新鑫负责编写专业模块经济类文书；段凌燕、李腾负责教材思政元素的审阅、不当表达的查阅以及素质目标的推敲。

本教材在编写过程中，得到陕西交通职业技术学院各二级学院的大力支持，史静、黄娟、李艳、高洁、张玉霞、李艳等多位老师分别对通识模块中的校园科技文书、专业模块中的工程类文书提出了宝贵的指导意见。

在编写过程当中，编者参阅了部分同类教材、文献资料，吸收了最新研究成果，援引、借鉴了相关例文、素材，在此一并表示诚挚的谢意。

由于编者能力所限，本教材难免存在不足，期盼同行专家、老师和各界读者朋友们多提宝贵意见。

编　者

2023 年 2 月

目 录

模块一　基础模块 1

项目一　应用文概述 3
　　任务一　认识应用文 3

模块二　通识模块 15

项目二　校园日常文书 17
　　任务一　申请书 17
　　任务二　启事　声明 20
　　任务三　条据文书 26

项目三　校园科技文书 31
　　任务一　科技报告 31
　　任务二　实验报告 33
　　任务三　实习报告 40
　　任务四　毕业论文 45

项目四　求职文书 57
　　任务一　求职信 57
　　任务二　个人简历 66
　　任务三　介绍信　证明信 74

项目五　事务文书 82
　　任务一　计划 82
　　任务二　总结 88
　　任务三　调查报告 93
　　任务四　调查问卷 100
　　任务五　述职报告 104

项目六　公务文书 110
　　任务一　公务文书概述 110
　　任务二　通知 120
　　任务三　通报 127

任务四　报告 …………………………………………………… 133
　　任务五　请示 …………………………………………………… 140
　　任务六　函 ……………………………………………………… 145

模块三　专业模块 ……………………………………………………… 151

项目七　法规类文书 …………………………………………………… 153
　　任务一　起诉状 ………………………………………………… 153
　　任务二　答辩状 ………………………………………………… 158
　　任务三　规章制度 ……………………………………………… 163

项目八　经济类文书 …………………………………………………… 173
　　任务一　合同 …………………………………………………… 173
　　任务二　策划书 ………………………………………………… 179
　　任务三　广告 …………………………………………………… 187
　　任务四　新媒体文书 …………………………………………… 193

项目九　工程类文书 …………………………………………………… 198
　　任务一　招标文书 ……………………………………………… 198
　　任务二　投标文书 ……………………………………………… 204
　　任务三　施工日志 ……………………………………………… 208
　　任务四　工程竣工验收报告 …………………………………… 212

参考文献 ………………………………………………………………… 219

附录 ……………………………………………………………………… 220

模块一　基础模块

项目一　应用文概述

学习目标

【知识】

了解应用文的概念、特点和种类。

明确应用文主题及文字材料的写作要求和表达方式。

【能力】

能够运用应用文的理论知识分析应用文的书写格式，做到规范书写。

能够将应用文写作的理论知识运用到写作实践中。

【素养】

通过传统文化中的行文之规，培养学生做人处事之理。

培养学生规范写作及遵守法度的意识。

任务一　认识应用文

任务情境

王方是一名大一学生，作为一名班长，他准备和班上的其他班干部一起带领班上的同学在城市运动公园开展一次素质拓展活动。导员同意后，希望他拿出一份活动策划方案来。王方问："这个方案怎么写？以前没写过啊。"导员笑着说："王方，以后你要写的东西还多着呢，活动策划方案只是其中之一，这叫应用文，用途很广，和中学时写的作文可不一样。"

【思考】应用文和作文有哪些不同？它们各有哪些特点呢？可以分为哪几类？

任务指南

一、应用文的概念和特点

应用文是指国家机关、企事业单位、社会团体和个人在日常工作、生活中，为处理公私事务而常用的具有某种固定格式和直接应用价值的文体。

发展到今天，应用文具有以下特点：

（一）实用性

实用性是指应用文无论在处理公共事务还是私人事务中，都具有实际应用的价值。"实用"是应用文最重要的特点，即内容务实、对象具体、要求明确、讲求实效。写作目的是解决问题、指导工作，因此文中不仅要摆出问题，还要提出解决该问题的具体意见和方法。实用性是判断应用文好坏的价值尺度。

（二）程式性

应用文在长期的使用过程中，已经形成了相对稳定的惯用程式。这种惯用程式指应用文的内在结构和外观样式，其中有的格式是由国家权威部门统一规定的。应用文的程式性主要表现在四个方面：一是文种规范，即办什么事用什么文种，有大体的规定，不能乱用；二是格式规范，即每一文种在写法上有大体的格式规范，不能随意变更；三是行文规范；四是语言规范。

（三）真实性

真实性是指内容要真实确凿，实事求是。应用文是管理工作的工具，要为解决现实问题或指导实际工作服务，因而它完全排斥虚构和杜撰，必须实叙其事，不能有任何艺术加工。文中所写的数据、材料，所发布、传达的信息必须是真实、确切的，否则作者将承担一定的行政和法律责任。

（四）语言的简明性

简明性是指应用文的语言直陈其事、开门见山、简练质朴、明白易懂，可以有很多的惯用语、节缩语等，文约事丰。

二、应用文的分类

根据分类标准的不同，应用文有不同的分类。为了更加贴近学生在校学习生活及职场的发展轨迹，本教材兼顾实用性和典型性，以应用文的内容和使用范围作为划分的标准，将应用文划分为以下几类：

（一）公务文书

公务文书，简称公文。人们通常说的公务文书有广义和狭义两种定义。广义的公文指法定机关、社会团体、企事业单位在公务活动中形成的、具有规范格式的文书材料，其中包括行政公文、事务文书、各类专用文书等。狭义的公文，专指行政机关公文。行政机关公文（包括电报，下同），是行政机关在行政管理过程中形成的、具有法定效力和规范体式的文书，是依法行政和进行公务活动的重要工具。《2012年党政机关公文处理工作条例》（中办发〔2012〕14号）中列出的十五种公文包括决定、决议、命令（令）、公报、公告、通告、意见、通知、通报、报告、请示、批复、议案、函、纪要。

（二）事务文书

事务文书是机关、团体、企事业单位为反映事实情况、解决问题、处理日常事务而普遍使用的文书，它具有很强的实用性、事务性和惯用格式。从广义上说，事务文书也是一种公务文书，目的是处理公务和传递信息，使用"事务文书"这一名称，是相对于正式公文而言的。常见的事务文书包括计划、总结、调查报告、述职报告、简报等。

（三）日常文书

日常文书是指机关、团体、企事业单位和个人在日常生活、工作和学习中所使用的，具有一定规范体式，能到起交流思想、沟通感情、传递信息等作用的应用文书。常见的日常文书包括书信、条据、启事、请假条、感谢信、表扬信、申请书、慰问信、请柬等，本教材将重点聚焦于条据、启事、申请书等。

（四）校园实用文书

校园实用文书主要介绍大学生在校学习生活期间必须掌握的求职文书和科技文书，其中包括求职信、个人简历、介绍信、实验报告、实习报告和毕业论文等。

（五）职场专业文书

职场专业文书主要介绍不同专业（经济类、工程类、信息类）职场中使用到的应用文，其中包括合同、策划书、广告、公众号推文、招投标书、施工日志、施工组织设计方案、竣工验收报告等。

三、应用文材料的特点

应用文材料是指为了某一写作目的，从现实工作、生活中搜集并将其写入应用文，用以说明主题的一系列事实或论据，如事件、数据、例证等。材料是写作的基础。一篇好文章应该主旨深刻、结构完整、语言准确、材料丰富，做到言之有"理"，言之有"序"，言之有"文"，言之有"物"。没有充实的材料，应用文就显得空洞苍白，令人难以信服。

与学生中学时期接触的文学作品相比，应用文材料具有以下特征：

（一）真实

材料真实是应用文写作的基本要求。如果应用文选材不真实，就会因信息不准不实而导致相关单位决策失误或出现执行偏差，进而给国家和社会造成不可估量的损失。

应用文材料的真实包含两层意思：其一是现象真实，即确有其事，不是虚假的、编造的；其二是本质真实，即材料反映的不是个别的、偶然的现象，而是事物的根本性质、内部联系。如果某材料只是现象真实而非本质真实，就不属于真实材料的范畴。

（二）切题

切题是指材料的选择必须满足表现主题的需要。材料的选择应紧贴主题，选出的材料应能说明主题。凡与主题相悖的材料不能选用，那些虽然能表现主旨但缺乏说服力的材料也应坚决舍弃。

（三）典型

所谓典型，是指应用文所选用的材料应能深刻反映事物的本质和规律，具有广泛的代表性和巨大的说服力，能起到以少胜多的作用。例如，有代表性的人物、事例，有说服力的数据，有权威性的话语等，都是现实生活中客观存在的典型材料。材料不典型，就会缺乏代表性和说服力，就令人难以信服，行文的主张和目的自然也难以体现。

（四）新颖

所谓新颖，是指新事物、新情况、新信息、新问题、新矛盾，以及具有时代特色的新经验、新见解、新结论。材料新颖有以下两层意思：一是指新产生的、新发现的，别人没使用过的材料；二是指旧材新用，在人们已发现、已使用的材料中发现新义，使材料呈现出新的面貌。在信息时代，作为信息载体的应用文必须及时反映新动态、新情况，迅速地将新人、新事、新思路、新面貌、新经验、新成就广为传播，以便更好地发挥其在市场经济中的作用。

【小贴士】

应用文在我国产生的历史可上溯到殷。应用文在不同时期有不同的称呼，殷时称"典册"，秦时称"典籍"，汉时称"文书"，三国时称"公文"，唐宋时称"文卷"，明清时文种有繁衍，分类就更细了。中国文学史上堪称应用文典范的作品有《出师表》《陈情表》和《祭十二郎文》，这两表一祭文都是通过真挚的情感打动人，并最终达成了作者的目的。

任务情境

材料1：

黛玉方进入房时，只见两个人搀着一位鬓发如银的老母迎上来，黛玉便知是他外祖母。方欲拜见时，早被他外祖母一把搂入怀中，心肝儿肉叫着大哭起来。当下地下侍立之人，无不掩面涕泣，黛玉也哭个不住。一时众人慢慢解劝住了，黛玉方拜见了外祖母。——此即冷子兴所云之史氏太君，贾赦贾政之母也。当下贾母一一指与黛玉："这是你大舅母；这是你二舅母；这是你先珠大哥的媳妇珠大嫂子。"黛玉一一拜见过。贾母又说："请姑娘们来。今日远客才来，可以不必上学去了。"众人答应了一声，便去了两个。

（资料来源：《红楼梦》选段）

材料2：

××省市场监督管理局
关于2022年第一期食品安全"你点我检"
抽检情况的通告

×市监通告〔2022〕32号

近期，××省市场监督管理局按照2022年全省食品安全"你点我检"第一期活动方案，依据广大消费者票选结果，组织对西凤酒、鄠醴黄酒、流曲琼锅糖、富平柿饼、陕南绿茶、泾阳茯茶、韩城"大红袍"花椒、兴平辣椒面、三原小磨香油、柞水黑木耳、洋县黑米、镇安手工挂面、周至猕猴桃、洛川红富士苹果、宜君核桃、横山羊肉等××省地理标志产品

(食品）80 批次样品进行了食品安全监督抽检，除 1 批次鄂醴黄酒酒精度不符合产品标签明示值要求，其余所检样品全部合格。

酒精度又称酒度，是酒的一个理化指标，指在 20 ℃时，100 毫升酒中含有乙醇（酒精）的毫升数，即体积（容量）的百分数。按照标准要求，酒精度含量应符合其标签明示值±1.0%vol。本次检出的 1 批次鄂醴黄酒酒精度偏高，可能是生产企业在检测其产品的酒精度时出现偏差造成的。

特此通告。

附件：1. 本次检验项目
      2. 食品监督抽检不合格产品信息
      3. 食品监督抽检合格产品信息

××省市场监督管理局
2022 年 5 月 30 日

【思考】 上述两则材料的语言各有什么特点？由此可以看出，应用文的语言应符合什么要求？

四、应用文结构的特点

应用文结构是指文章内部的组织构造及其所反映出的外部形态，它是文章的"骨骼"。结构安排实质上是解决"以怎样的思路来组织材料、用怎样的外部形态来反映内容"的问题，即谋篇布局问题。结构安排一般涉及一篇应用文分几层写、哪些材料先写、哪些材料后写、哪些详写、哪些略写、段落之间怎样过渡、如何首尾呼应和结尾等问题。

（一）标题

标题是文章的命题，是文章最引人瞩目的地方。如果说主题是文章的"灵魂"，材料是文章的"血肉"，思路是文章的"脉络"，结构是文章的"骨骼"，那么标题就是文章的"眼睛"，它能准确概括文章的主题，激发读者阅读文章的兴趣。应用文的标题应当准确、醒目、简洁、规范。

应用文的标题包括以下三种：

1. 公文式标题

公文式标题由发文单位、事由和文种组成，主要用于公务文书，如"国务院关于发布《国家行政机关公文处理办法》的通知""关于开展 2021 年教师节免费游园活动的通知"等。

2. 新闻式标题

新闻式标题有单行标题和多级标题两种。

（1）单行标题包括如下几种：直陈事实式标题，如"××村走上了致富路"；提出问题式标题，如"空调降价大战原因何在"；显示结论式标题，如"非法传销活动应予以禁止"等。

（2）多级标题包括三级标题和两级标题：三级标题由引题、正题和副题组成，引题主要用于介绍背景，烘托气氛，以引出正题；正题主要用于概括文章主要内容或点明中心；

副题用于交代与正题有关的情况，对正题予以补充。两级标题可以由引题和正题组成，也可以由正题和副题组成。

多级标题主要用于新闻报道，如下面三种标题。

①由引题、正题和副题组成的标题如下所示：

中部信息流通喜添"高速公路"
京汉广光缆通信干线开通
接通八省市，可提供长途线路 10.5 万条

②由引题和正题组成的标题如下所示：

吃潇洒吃吉祥吃温馨
西安人年饭功夫在食外

③由正题和副题组成的标题如下所示：

新的工时制度开始实施
职工平均每周工作 40 小时

3. 论文式标题

论文式标题要么概括论文的内容与结论，如"宏观调控是现代市场经济体制的内在要求"；要么点明所论的内容范围，如"论专业银行的商业化改革"。

（二）开头

应用文的开头一般要写明发文的背景、依据、目的、原因、意义或重要性等，其写作方式应根据应用文的内容和行文目的来确定。应用文的开头应囊括正文的主要内容或基本主旨，应开门见山、落笔扣题、简明扼要、文出有因、言必有据，切忌假、大、空。

应用文的开头一般有以下几种形式：

1. 根据式

把行文的依据放在开头，一般以"根据""遵照""按照"等作为语言标志。

2. 目的式

开宗明义，先说明行文目的或意图，一般常用"为了""为"等词语引述。

3. 原因式

开头说明行文缘由，揭示行文的合理性和必然性，常用"因为""由于""鉴于"等介词引述。

4. 引文式

开头引用文件、领导讲话等，点明应用文的主题。

5. 概述式

开头简要地说明主要情况或背景，概述基本内容，给人以总体印象，以便下文进行具体阐述。

6. 提问式

在应用文开头部分提出问题，引出下文，然后回答问题，对提出的问题做详细、明确的解释或说明等。

(三) 正文

正文是应用文的核心内容，材料在这里得以展示，观点在这里得以阐述，主题在这里得以表现。处理好正文部分的层次结构是应用文谋篇布局的关键。安排正文结构时，应从内在结构顺序和外在结构形式两个方面考虑。

1. 内在结构顺序

内在结构顺序是指应用文内容层次的安排顺序。内在结构顺序主要包括时间结构顺序、空间结构顺序、时空交叉结构顺序和事理逻辑结构顺序。

（1）时间结构顺序。即按照事物产生、发展、变化的过程顺序或时间先后顺序安排文章的内容。这是一种纵式结构顺序。采用这种方式写应用文时，应分阶段对事件的发展过程进行分析，分别叙述并区分主次。在写单位的大事记、工作简报等应用文时通常采用这种结构方式。

（2）空间结构顺序。即按照空间变换顺序安排文章的内容。这是一种横式结构顺序。采用这种方式写应用文时，应先按关联程度对事物进行分类，将主体分成几个部分（或几个方面），然后将各个部分横向排列，依次进行阐述。

（3）时空交叉结构顺序。即综合运用时间结构顺序和空间结构顺序来安排文章的内容。这是一种纵横式结构顺序。这种方式能使各层正文内容前后贯通，融为一体。

（4）事理逻辑结构顺序。即按照事物的内在逻辑顺序安排文章的内容，如按对事物进行判断、分析、推理的逻辑思维顺序来安排文章的内容。在写一些法律文书、总结和情况报告时，可使用此种结构。

2. 外在结构形式

外在结构形式是指应用文的文面结构形式。常见的外在结构形式有小标题式和标序式。

（1）小标题式。如果应用文内容较长，涉及面较广，需要分成几个部分来写，那么每个部分应提炼出一个反映本部分主要内容或中心思想的小标题或分论点。将各个部分的小标题集中起来，就能展示出整篇文章的结构框架和基本内容。小标题的内容大体上可以分为两类：一类概括本部分的要点，如"依靠科技兴厂增效"；另外一类点明内容范围，如"成绩与经验""下一步工作展望"等。

（2）标序式。即用序号标出内容层次，以使正文内容条理清晰、层次分明。在难以提炼确切小标题或首括句时，可采用此形式。采用标序式的结构形式时，通常做法为先大段标序，即在小标题位置处标序，将文章分为几大块，如"一、基本情况""二、成绩与经验""三、下一步工作展望"等，然后为正文内容编排层级序号，如"（一）""1""（1）""1）"等。这种结构形式主要用于条款内容较短而层次比较多的应用文。

3. 过渡和照应

过渡和照应是使应用文前后连贯、脉络畅通的重要手段。要把一层层意思、一段段文字衔接得严密周详，聚合成得体的应用文，必须掌握过渡、照应的方法和技巧。

（1）过渡。过渡是指层次与层次、段落与段落之间的衔接形式或手段，能使应用文内容贯通一气，将正文内容由一段过渡到另一段，由一层内容过渡到另一层内容，并使应用文层次、段落清晰，结构严谨、清晰。常见的过渡形式有以下三种：

①过渡词：如"因此""由此可见""然而""但是""总之""综上所述""虽然""相反的"等词语，这些关联词一般放在层首、段首或句首。

②过渡句：即用于承前启后，过渡"搭桥"的句子，一般放在前一层次或前一段的末尾、后一层次或后一段的开头，如"现将有关事宜通知如下"。

③过渡段：在文中起承上启下或提示作用，一般放在两个层次或段落之间。

（2）照应。照应是应用文上下文、前后文的呼应、关照，即通常所说的"前有所呼，后有所应"的结构方法。合理、巧妙地使用照应方法，可以使文脉贯通，章法灵活致密，并使应用文的内容得到强化，给读者留下深刻印象或使其获得某种启迪。常见的照应方式有以下两种：

①开头和结尾照应：首尾照应是使应用文结构完整、主题突出的最常见的方法，具体表现为交代在前、照应在后，暗示在前、挑明在后，伏笔在前、主笔在后。

②正文和标题照应：行文中照应标题能有效地突出文章主题，加深读者印象。

（四）结尾

从内容上讲，应用文的结尾是对全文的总结；从形式上看，它是对全文的收尾。应用文的结尾应简明概括，意尽言止。因行文关系、目的、要求及文种的不同，应用文的结尾形式也不尽相同。常见的结尾形式有以下六种：

1. 强调式

对文中提出的问题做强调性说明，以引起重视。

2. 结论式

对文中的主要观点或问题加以归纳总结或略做重申，以加深读者印象。

3. 说明式

补充交代或说明与正文内容有关但性质不同的问题或事项，以保证内容的完整性。例如，公文结尾交代施行日期、执行范围、传达对象、与该文规定不符的原有规定如何处置等；论文结尾说明尚未解决而应另外讨论的问题。

4. 号召式

提出希望，发出号召，展望未来。例如，通报、倡议书、计划等应用文常用这种结尾形式。

5. 建议式

针对设定的施行目标、存在问题提出意见和建议。

6. 责令式

向下级提出贯彻执行的要求，多用于下行公文，如"以上各点，希望遵照办理""希望认真执行""请研究执行"等。

五、应用文语言的特点

文学作品的语言具有形象性、音乐性和感情色彩强等特点，而应用文在长期的使用过程中，逐渐形成了自己独特的风格，在语言运用方面形成了一种独特的体式，即事务语体。因此应用文的写作要从以下几个方面注意语言表述：

（一）确切

确切是指应用文的语言表达应准确、贴切，语意明确，符合客观实际。这是由应用文的应用性所决定的。应用文的语言确切主要表现为用词准确、语句规范和数词规范。

（二）平实

平实就是自然、朴实。应用文重在"实用"，因此用语应平易通俗、浅显明畅，以道明事实、讲清道理。应用文的语言平实主要体现在以下三个方面：

(1) 尊重客观事实，语言要质朴准确，做到直叙事实、直陈意见、直截了当，不搞"曲笔"，不堆砌辞藻，不力求夸饰。

(2) 情感内敛。"文章不是无情物"，应用文也不例外。应用文的本质功能决定了应用文的情感要内敛，使人不易体察。

(3) 尽量使用大众化语言，不用冷僻词语，使正文内容平直自然、通俗易懂。

（三）规范

规范是指应用文的语言具有比较稳固而鲜明的惯用模式。应用文语体具有社会化和稳定化的特征，在长期的反复实践中，形成了规范化、模式化的语体规律。应用文语言的规范特性主要体现在各种用语上。

（四）简明

简明是指语言精练简洁、言简意赅、词约意丰。要使应用文语言符合简明的要求，关键应做到以下两点：一要围绕主题，删繁就简；二要语意明确，语句凝练。尽量用少量的文字表达丰富的内容，下笔如铸、惜墨如金，做到"篇无累句、句无累字、圆润明密、言如贯珠"。

（五）得体

得体是指应用文语言应适应特定文体的需要，讲究分寸、适度。具体包含两方面的意思：一是适合特定的文体；二是适合特定的对象、身份、场合和行文目的。例如，决定、决议、指示宜庄重，调查报告、总结须平实，感谢信、慰问信、悼词须情真意切。

六、应用文的表达方式

表达方式就是将人、事、物及目的、根据、见解、主张、要求等表达出来的方式。文章的表达方式主要有说明、叙述、描写、抒情和议论。应用文常用的表达方式是说明、叙述和议论。

（一）说明

说明是指用简明扼要的文字，把事物的形状、性质、特征、成因、关系、规律等解释或介绍清楚，把人物的经历、特征表述明确的表达方式。这种表达方式在应用文中使用得相当广泛，在公务文书、事务文书、日常文书和校园科技文书等应用文中常用这种表达方式来说明情况、解释事物等。

（二）叙述

叙述即把人物的经历或事件的过程表述出来。它是写作中最基本、最常见的表达方式。叙述的特点在于其"过程性"，一般包括时间、地点、人物、事件、原因和结果六个要素。

（三）议论

议论是指作者对事物进行客观分析、推理和评论，表明自己的主张、态度和立场的一种表达方式。在应用文写作中，不少文种都离不开议论，如总结、调查报告、通报、报告等，都需要通过议论来分析原因、判断是非、发表见解、表明立场和观点。

例文赏析

××省人力资源社会保障厅　××省财政厅　国家税务总局××省税务局
关于做好失业保险援企纾困保障民生有关工作的通知

×人社发〔2022〕17 号

各设区市人民政府，各有关单位：

为贯彻落实 5 月 23 日国务院常务会议提出的 6 方面 33 项措施，按照国发〔2022〕12 号文件和《人力资源社会保障部、财政部、国家税务总局〈关于做好失业保险稳岗位提技能防失业工作的通知〉》(人社部发〔2022〕23 号) 要求，进一步加大对受疫情严重冲击的行业、中小微企业纾困帮扶力度，切实做好失业保险各项惠企利民政策落地见效，经省政府同意，现就做好我省失业保险稳就业保民生有关工作通知如下：

一、精准实施稳岗返还政策。(略)

二、拓宽技能提升补贴受益范围。(略)

三、落实失业人员职业培训。(略)

四、发放一次性留工培训补助。(略)

五、发放一次性扩岗补助。(略)

六、加大社保降低费率和缓缴力度。(略)

七、兜底保障失业人员基本生活。(略)

八、有效防范基金运行风险。(略)

九、切实加强组织领导。(略)

本通知自印发之日起执行，原有政策与本通知规定不一致的，以本通知为准。

××省人力资源和社会保障厅　××省财政厅
国家税务总局××省税务局
2022 年 5 月 31 日

【例文分析】

本文阐述了"××省对受疫情严重冲击的行业、中小微企业切实做好失业保险稳岗位政策"主旨后，在各项惠企利民政策具体实施方面用小标题方式概括从属主旨。这些从属主旨从不同侧面、不同角度层层展开，说明了基本主旨，使基本主旨与从属主旨达到和谐统一，便于读者清晰领会全文的精神实质。近年来，我国各级政府坚持以人民为中心的发展思想，维护人民根本利益，增进民生福祉，不断推行各种举措，实现发展为了人民、发展依靠人民、发展成果由人民共享，让现代化建设成果更多更公平惠及全体人民。

【思考】 上述应用文的结构是怎样的？语言有何特色？表达方式有何特点？

拓展资源/学习资源

为什么要学应用文写作

模块二　通识模块

项目二　校园日常文书

学习目标

【知识】

了解校园以及日常生活中所需掌握的相关应用文文种的知识。

【能力】

重点掌握申请书、启事以及条据文书的适用范围、特点、基本写法和行文规则，能够针对不同情境正确书写条据、申请书和启事等校园日常文书。

【素养】

培养学生诚实守信、亲仁善邻、奋发进取的精神。

任务一　申请书

任务情境

城市轨道管理与运营专业的王明同学学习成绩优异，思想积极向上，他想在本学期入党，于是决定向学院党支部提起申请，写一份入党申请书。

【思考】申请书有哪些特点？要写好一份申请书需要把握哪些要点？

任务指南

一、申请书的概念

申请书是个人、单位或集体向组织、领导提出请求，要求批准或帮助解决问题时使用的专用书信。

二、申请书的特点

作为一种专用书信，申请书有以下三个特点：

（一）申请性

申请性是申请书最显著的特征。申请书是为了表达意愿而写的，目的在于请求对方的答复或得到对方的批准。

（二）上行性

申请书是个人向组织、下级向上级表达愿望，提出申请的专用文书，因此申请书的语言要符合上行文的标准，要做到恭敬、严肃、认真，不可随意、无礼、玩弄辞藻。

（三）单一性

一份申请书只能申请一件事，不能同时申请多件事。

三、申请书的分类

从书写内容上区分，申请书一般有以下三种：

（一）思想政治方面的申请

这种政治申请一般是指加入某些进步的党派团体，如申请加入少先队、共青团、共产党等。

（二）工作学习方面的申请

这种申请是指在求学或实际工作中遇到问题，而向上级或有关机构提出并希望得到解决所写的申请书，如入学申请书、带职进修申请书、工作调动申请书、增加设备申请书、奖助学金申请书等。

（三）生活方面的申请

这种申请是指在生活中，遇到一些问题或困难希望得到组织、集体、单位照顾或帮助解决而写的申请书，如福利性住房申请、结婚申请或困难补助申请等。

四、申请书写作格式

申请书通常包括标题、正文和落款三个部分。

（一）标题

第一行居中，一般直接用文种名"申请书"作为标题，也可以由事由加文种组成，如《入党申请书》《困难补助申请书》《住房申请书》《转正申请书》等。

（二）正文

申请书的正文一般由称谓、主体和结语组成。

（1）称谓。标题下一行顶格写上接受申请书的部门、组织的名称或有关负责人的姓名，如"××党支部""敬爱的党组织""××总经理"等。

（2）主体。主体包括提出申请的具体事项及要求、申请的理由，有时还要表明申请人的态度或提出保证，要求言简意赅、开门见山、重点突出、理由充分、有理有据。

（3）结语。结语一般写一些希望批准或表示致敬的话，也可进一步表明自己的决心、态度和要求，应写得具体、详细、诚恳有分寸，语言要朴实准确、简介明了，如"望领导批准""此致敬礼"等。有些申请书也可以没有单独的结语。

（三）落款

在申请书正文的右下方，写上申请人姓名或申请单位的名称，署名下写成文日期。

五、申请书的写作模板

标题		申请书
正文	称谓	尊敬的××（职务）
	主体	提出申请的具体事项、要求及申请的理由
	结语	写希望批准或表示致敬的话
落款		申请人姓名或申请单位名称 ××××年××月××日

【小贴士】
"申请书"的书写不仅需要规范正确，更需要体现实事求是、积极进取的精神内涵。

六、申请书的评价标准

项目	评分标准	分值	自评得分	互评得分
格式	文种类型选择正确，按照申请书的规范格式书写	30分		
内容	申请的事项要清楚、具体，涉及数据要准确无误	20分		
	申请的理由充分、合理，实事求是，不夸大和杜撰	20分		
语言	语言准确、简练，态度诚恳、朴实	30分		
	总分	100分		

例文赏析

转正申请

尊敬的领导：

  我于2017年9月进入公司，到今天3个月的试用期已满，根据公司的规章制度，现申请转为公司正式员工。

  作为一名应届毕业生，初来公司，我曾经很担心，不知该如何与人相处，该如何做好工作，但是公司宽松融洽的工作氛围、团结向上的企业文化，让我很快完成了从学生到职员的转变。轮岗实习期间，我先后在工程部、成本部、企划部等各部门学习工作了一段时间。这些部门的业务是我以前从未接触过的，和我的专业相差也较大，但是各部门领导和同事的耐心指导，使我在较短的时间内适应了公司的工作环境，也熟悉了公司的整个操作流程。

  在本部门的工作中，我一直严格要求自己，认真及时做好领导布置的每一项工作，同时主动帮助其他同事，主动为领导分忧。工作中遇到不懂、不清楚的地方主动向同事请教，不断充实完善自己，希望能尽早独当一面，为公司做出贡献。当然，初入职场，难免出现一些差错，还需领导和同事们批评指正，但是"吃一堑长一智"，这些经历也让我不断成熟，在以后处理各种问题时考虑得更加全面，杜绝类似错误的发生。在此，我要特别感谢各部门领导和同事对我入职以来的指导和帮助。

  经过3个月的试用期，我现在已经可以独立处理公司的会计账务，整理部门内部各种资料，进行各项税务申报，协助资金分析，从整体上把握公司的财务操作流程。当然，我自身还有许多不足，处理问题的能力还需要提高，经验仍需积累，团队协作能力也需要进一步增强，需要继续学习不断提高自己的业务能力。

  这3个月来，我学到了很多，也感悟了很多，看到公司的迅速发展，我深感骄傲和自豪，也更加迫切地希望成为公司的正式员工，和公司一起成长，实现自己的奋斗目标，体现自己的价值。在此，我向公司提出转正申请，恳请领导给我继续成长、继续为公司服务的机会，我会以更加负责的态度和更加饱满的热情做好本职工作，为公司创造价值。

申请人：×××
××××年××月××日

【例文分析】

  这是一篇转正申请书。申请书的正文开门见山、直截了当地提出转正申请，主体部分则对自己实习期间的工作作出梳理和总结，结尾进一步表明自己的决心、态度和要求。

任务二　启事　声明

启　事

任务情境

  今天，王婷婷同学不慎在教学楼阶梯教室丢失了英语A级考试准考证，由于明天考试急需，所以她十分着急，请你代她写一份寻物启事，以便帮助她快速找回准考证。

  【思考】启事一般在何种情况下使用？启事有哪些写作要点？

任务指南

一、启事的概念

　　启事是机关、团体及企业、事业单位和个人在一定范围内公开说明情况，提醒公众注意，或请求大家帮助和支援的应用文体。

　　启事的特点是公开性和告知性。它不具有法令性和政策性，没有强制性和约束力，它只是用来向单位、个人告知某些事项。启事一般采用张贴、登报、广播等形式发布。

二、启事的分类

　　启事使用较广泛，常见的启事大致可以分为以下三类：

（一）找寻类启事

　　此类启事包括寻人启事、寻物启事等。

（二）征招类启事

　　此类启事包括征文启事、征婚启事、招生启事、招工启事、换房启事等。

（三）说明类启事

　　此类启事包括开业启事、搬迁启事、更名启事等。

三、启事的写作格式

　　启事一般由标题、正文和落款三个部分组成。

（一）标题

　　标题位于首行居中，字体稍大，有以下三种写法：

（1）以文种"启事"作标题。

（2）以事由加文种作标题，如"招领启事""换房启事"。

（3）由启事单位名称加文种组成，或由单位、事由和文种构成，如《××日报启事》《北京电视体育频道招聘启事》。

　　启事的标题要注意不能误写为"启示"。启事是陈述事项的意思，而启示是启发、启迪的意思。该用启事发布的信息不能误用其他文种。报刊、广播、电视上经常出现的"征订报刊公告"和"楼房出租公告"这类标题中的文种应为启事而非公告，公告是行政公文，是国家权力机关向国内外宣布重要事项或法定事项时使用的，是一种严肃、庄重的公文文种。

（二）正文

　　正文是启事的主体，位于启事标题下一行，前空两格。

正文内容一般包括写作启事的原因和目的、启事的事项和要求两部分，也可以只写启事的要求事项。正文一般应写清楚在什么时间、地点，要办什么事情，有哪些要求。

启事的正文要写得既具体又简洁。因启事的种类不同，这部分内容也各不相同。如征文启事一定要写明征文的主题、体裁、字数要求、投稿地址、截稿日期以及征文评奖情况等；招领启事要写清楚拾到物品的名称，拾到物品的时间、地点以及失主应到何处去认领，但切忌把拾到物品的详细情况写出，以免被人冒领。

（三）落款

在启事正文的右下方写明启事的单位名称或个人姓名、联系方式、写作日期，如单位名称在标题中已出现，则落款可省略启事的单位名称。联系方式一定要交代清楚，包括联系人、联系电话等，以免误事。

四、启事的写作模板

标题	启事单位+事由+文种
正文	简要写明发布启事的原因、目的、要求等内容
落款	个人姓名/单位名称（可附地址和联系方式） ××××年××月××日

五、启事的写作注意事项

（1）启事要有简单醒目的标题，使人一读就能了解启事的主要内容和性质，如"寻物启事"。

（2）一事一启，内容单一。一篇启事应只说明一个主旨，其内容应简明扼要，突出最需要说明的问题。

（3）通俗易懂，用语文明礼貌。写启事的目的是让人看到启事就明白有什么事，需要做什么和怎么做，因此语言一定要浅显、通俗。此外，因启事是向大众公开发布的，其措辞应文明、符合礼仪规范。

例文赏析

寻物启事

2021年3月23日晚8：00左右，本人在淮河路公交6路车站候车时，不慎遗失黑色公文包一个，内有委托书、重要合同、票据及现金支票等物。本人现万分焦急，恳请拾到者速打电话与我联系，我将立即前往认领，当面致谢并愿重金酬谢。

联系电话：××××××××××。

天翼科贸公司　万先生
2021年3月24日

【例文分析】

这是一则寻物启事。失主在正文中交代了丢失物品的具体时间、地点及丢失原因，遗失物品为公文包，详细介绍了公文包内装有的物品；为感谢送还者，失主许诺重金酬谢，并留下了联系电话。这则启事文字精练、篇幅短小、格式规范、态度诚恳。

声　明

任务情境

近年来，屡有非法分子置国家法令于不顾，肆意盗印××出版社的畅销书籍，盗印版纸质较差，印刷模糊，错误百出，此种盗印行为严重侵犯作者权益，损害该出版社声誉，给读者造成了直接损失，扰乱了图书市场。请你为该出版社拟写一份声明，敬告广大读者和书店同仁，在选购图书时务必判明真伪，以免上当。

【思考】声明的作用是什么？声明的内容应该包括哪些？

【小贴士】

　　诚实守信、踏实做事是为人之本，也是中华民族的传统美德。我们在生活、工作中应该讲信誉、守信义、不虚假。人人懂规矩、守规范，社会才能和谐稳步发展。

任务指南

一、声明的概念

声明是国家政府、党派、机关、团体、单位、个人就某一事件或问题公开表明自己的观点、立场、态度或说明真相的一种应用文书。

声明的使用范围相当广泛，政党和国家的领导机关及其领导人、机关单位、社会团体、企事业单位、其他组织或公民个人均可发表声明。声明可以在报刊登载，也可以通过广播、电台播发，还可以进行张贴。

二、声明的作用

作为外交文书的涉外声明，通常是由一国的政府、外交部及其代表就某一事件或问题阐述政府的观点、立场、态度、主张而发表的正式文件或发言，如国与国之间的建交声明、澄清是非的郑重声明、政府之间的会谈声明等。

作为机关、团体、单位、个人使用的一般声明，如授权声明、除名声明、遗失声明、脱离关系声明、解除合同声明等，其目的在于引起公众的注意，告白于天下，以免发生后患。

三、声明的分类

声明的类型有很多，从不同的角度可以划分不同的类型。从作者的性质划分，有个人声明、单位声明；从作者的形式划分，有独自声明、联合声明；从内容上划分，有照会声明、抗议声明、致谢声明、遗失声明、解除合同声明等。

四、声明的写作格式

声明一般由标题、正文和落款三个部分构成。

（一）标题

声明的标题有以下三种形式：

（1）直接以文种"声明"作标题，如带有很强的抗议和驳斥性质的政治性声明，此类声明还可以以"严正声明"的形式出现。

（2）由声明的事由加文种构成，如"遗失声明""解除合同声明"。

（3）由声明单位、声明事由和文种三个部分构成，如"四川古郎酒厂关于维护郎酒商标专用权的声明"。

（二）正文

声明的正文要写清三方面的内容：一是写明发表声明的原因、目的和意义；二是写明需告之于众的情况，即声明的具体事项；三是表明对事情的意见、态度和立场，提醒有关人员或单位需要注意的事项。以上三方面内容可根据需要灵活采用。

（三）落款

落款写在声明正文的右下方，由发表声明的国家、政党、团体和个人署名并盖章，有的还要联署法律顾问的姓名，同时写上发表该声明的日期和地点。

五、声明的写作模板

标题	声明单位+事由+文种
正文	声明的原因和具体事项，并表明自己的立场、观点和态度，提醒有关单位及人员需要注意的事项等
落款	个人姓名或单位名称 ××××年××月××日

六、声明的写作注意事项

（1）文字力求简洁，写清楚声明的事由，并做到庄重有力。

（2）态度鲜明、语气肯定。在权益、是非、荣辱等问题上要坚持原则、旗帜鲜明，决不能马虎、含糊，有关后果及责任该谁承担应写明白。

七、启事和声明的评价标准

项目	评分标准	分值	自评得分	互评得分
格式	文种类型选择正确，按照启事和声明的规范格式书写	30分		
内容	具体事项分条列项、清晰具体、一目了然	20分		
	内容简洁明确	20分		
语言	语言礼貌得体，言简意赅	30分		
	总分	100分		

例文赏析

【例文1】

严正声明

《××报》于2013年8月26日经××省新闻出版局批准发证，已确定中国国际贸易促进会××省分会为××报社主管部门。

最近，发现社会上某单位冒充××报社主管部门，在社会上进行非法活动，给《××报》造成了不良影响。为此，本律师发表严正声明：冒充××报社主管部门的单位立即停止其非法活动，否则，造成的一切后果由冒充者承担，并追究冒充者的法律责任。

特此声明

《××报》法律顾问
××律师事务所律师：王×
张×
2014年4月21日

【例文2】

遗失声明

我公司不慎于2014年6月13日丢失空白转账支票壹张，号码是708765，现声明作废。

××公司财务科
××××年××月××日

【例文分析】

例文1是一则比较严肃的声明，其内容的性质已触犯法律，必须义正词严。例文2是一则遗失声明，主要说明此票据作废，以免假冒造成经济损失。这两则声明格式完整、用词准确，符合声明文体要求。

任务三　条据文书

任务情境

李婷被派去采购销售部的元旦晚会用品，各项费用合计4600元。李婷拿着经理的批条来到公司财务部，财务部出纳表示可以马上把这笔款项支付给她，但需要她给财务部写张条据，留个凭证。

【思考】李婷应该写哪种类型的条据？她应该在条据中向财务部说明哪些事项？

任务指南

一、条据的概念

条据是单位或个人之间，为办事方便、手续清楚，在收到、借到、领到钱物时出具的凭据，或需对某件事作简要说明用以沟通情况时留给对方的字条。

二、条据的特点

条据的内容单一、形式简单，是最常见的一种简便应用文。条据最突出的特点是便捷性，此外条据还具有一文一事、语言简明、时效性强等特点。条据也具有一定的法律效力，当有些事发生争议的时候，条据是最好的证明。

三、条据的分类

根据内容和性质，条据一般可分为两类：一类是凭证式条据，另一类是说明式条据。

（一）凭证式条据

凭证式条据又称"单据"，是指在日常生活、工作和学习中，人们借到、领到、收到或欠了他人或单位的钱财、物品时写给对方作为凭证的条据。凭证式条据的种类较多，应用广泛，常用的有收条（收据）、借条、欠条、领条等。

（二）说明式条据

说明式条据又称"便条"，是指当人们临时遇到某事需要告知他人而又不能面谈时，或者为某事办理手续时所写的一种条据。常用的说明式条据有请假条、留言条、一般便条等，其格式和一般书信差不多，只是内容极其简单。

四、条据的写作格式

（一）凭证式条据

凭证式条据一般由标题、正文和落款三个部分构成。

1. 标题

标题用来说明条据的性质，如"借条""收条""欠条""领条"。

2. 正文

正文应写明条据涉及的各方的名字或名称，涉及的钱物、数量、型号等。若涉及公务，还应注明借（领、欠）钱物的原因、用途、归还时间等事项。各类凭证式条据的写作要点如下：

（1）借条。应写明出借人的姓名及必要信息，所借款项的金额及物品的品种、型号、式样、规格，以及归还日期，从单位借出的钱物还应写上用途。

（2）收条。应写明所收款项的金额或所收物品的种类、规格、数量、完好程度等，有的还应标明原因或用途。

（3）欠条。应标明所欠款项的金额或物品的数量、归还时间等，必要时还应写清归还方式、所欠原因等。

（4）领条。应写明从何处领到什么物品，写清楚所领物品的数量、品种、型号等，必要时还应写清所领物品的具体用途。

借条与收条的文末以"此据"收束或另起一行空两格书写"此据""特此为据"等，以示此据具有凭证性。

3. 落款

落款包括署名和日期。署名应注意以下事项：

（1）署名者为个人时，应在姓名前注明"借款人""欠款人""领取人""代领人"等字样，并手写签名。

（2）署名者为机关单位的，应由经手人手写签名并加盖公章，并在姓名前注明"借款人""欠款人""领取人""代领人"等字样。

（3）代领人除了手写签名，还应注明委托领取人的姓名。

（二）说明式条据

说明式条据一般由标题、称谓、正文和落款构成。

1. 标题

说明式条据的标题可直接写为"请假条""留言条""托事条"等。

2. 称谓

说明式条据首行顶格写受文者称谓，可用敬语。

3. 正文

正文应简明扼要地写出要说明的事情及其原因、经过等。各类说明式条据正文的写作要点如下：

（1）请假条。应详细说明请假的原因和请假的起止时间。正文结束时应礼貌地写上"望予以批准""恳请准假"等类似话语。请假条必须在称谓的上一行居中位置写明"请假条"三个字。

（2）留言条。应简要说明自己的意图和需求，最好留下联络方式；尤其是双方从未打过交道时，更应告诉对方自己的姓名、身份及联系方式，具体问题一般面谈。

（3）托事条。应详细说明所托之人、所托之事、具体要求及本人身份等，务必要用语委婉、礼貌得体。

为表示礼貌，文末可以附上祝颂语，如"祝安好""特此感谢""多保重"等，也可省略祝颂语。

4. 落款

落款应注明个人姓名或单位名称，并注明书写条据的具体日期。

五、条据的写作模板

标题	借条
正文	今借到×××（出借者）××元（大写）整，××××年×月×日归还。 此据
落款	借款人×××（签字）文 借款单位（公章） ××××年××月××日

标题	请假条/留言条
称谓	受文者（可用敬语）
正文	简明扼要地写出要说明的事情及原因、经过等，结尾可使用祝颂语
落款	个人姓名或单位名称 ××××年××月××日

【小贴士】

"借人物，及时还，后有急，借不难"（《弟子规》），只有这样才有助于造就良好的社会环境。

六、条据的写作注意事项

（1）对外使用的条据，单位名称应写全称。

（2）条据中涉及款项、物品的数量时，必须大写（如壹、贰、叁等），数字前不可留空白，后面应写上计量单位（如元、个、架等），并写上"整"字。"整"字后面直接写或另起一行空两格写"此据"两字，以防添加或篡改。

（3）若写错应重写一张；如果不得不涂改，则涂改后必须加盖印章或手印。

（4）语言应简练、明确，不能产生歧义。

（5）条据应用毛笔或钢笔书写，不可用铅笔书写，以避免久放后字迹模糊不清或被人涂改。

（6）条据的日期应明确具体，以免被人故意拖延。

七、条据的评价标准

项目	评分标准	分值	自评得分	互评得分
格式	条据类型选择正确，格式规范清晰	30分		
内容	条据书写事项分条列项、清晰具体	20分		
内容	内容完善、清楚，确保信息准确无误	20分		
语言	语言简洁明了，杜绝模糊用语，语句无歧义	30分		
	总分	100分		

例文赏析

【例文1】

请假条

刘老师：

  我昨晚不慎受凉，今天早上起来头疼发热，身体很不舒服，经省人民医院医生诊断系重感冒，无法来校上课，特请假一天，请予以批准。

  附：医院证明（略）

  此致

敬礼！

学生：赵××
××××年××月××日

【例文1分析】

该请假条正文写明了请假的原因和时间，语言简洁；文末使用"此致敬礼"，语言恳切、有礼貌，符合身份。

【例文2】▶▶>>>

留言条

王老师：

今天晚上7点我来找您，您不在家。我想借您的《英语学习手册》一书。明晚7点再来，如您有空，请在家等我，我的电话是136××××××××。

学生：杨××

××××年××月××日

【例文2分析】

这是一篇留言条，用简明的语句说明意图，并且标明了明确的联系方式。

【例文3】▶▶>>>

借条

今借到资产管理处音响设备壹套（包括主机壹台，型号××；功能机壹台，型号××；音响贰台，型号××；话筒叁个，型号××），照相机贰台，型号××，摄像机壹台，型号××，用于外语系元旦晚会，××××年××月××日前归还。

此据。

外语系：谢××

××××年××月××日

【例文3分析】

这是一篇典型的借条，租借单位或个人钱物时，需要写给对方留作凭证。该借条正文具体写明了从哪儿借的，所借物品的数量、型号及归还日期，当把租借物品归还时，应把条据收回并销毁。

项目三　校园科技文书

任务目标

【知识】

了解科技报告、实验报告、实习报告、毕业论文的概念、特点、作用及其撰写要求。

【能力】

掌握实验报告、实习报告、毕业论文、毕业设计报告的写作格式和内容方面的写作要求。

【素养】

培养学生的创新意识和文化素养。

培养学生探索未知、追求真理、勇攀科学高峰的责任感和使命感。

培养学生精益求精的大国工匠精神，激发学生科技报国的家国情怀和使命担当。

任务一　科技报告

任务情境

方芳是建筑工程专业的一名学生，转眼就要大三了，学校要求大三期间每个学生都要自己找实习单位进行为期6个月的实习，并在实习结束后提交一份5000字的实习报告。除了实习任务，方芳还要着手准备毕业论文的选题，以及相关的前期工作。这个暑假是方芳最后一段清闲的时间了。

【思考】案例中提到的实习报告、毕业论文属于什么文书？此类文书有什么特点？

任务指南

一、科技报告的概念

科技报告是科学技术报告的简称，它是科技工作者围绕某一科学技术专题进行研究所获得的科研成果的正式报告，是广大科技工作者经常使用的一种科技写作文体。

科技报告与学术论文都是表述研究成果的文章，体例、格式也相似，但它们有着根本的差别：学术论文以阐述作者的科学见解为目的，科技报告则以报告科研工作的过程与结果为目的。前者的学术性、理论性强，后者的告知性、技术性强。

科技报告的任务是向上级科研主管部门或资助单位等报告科技研究的工作情况。在报告中应该说明工作的性质、进展情况以及取得的成果，以便取得指导和支持。同时也应在科技人员之间相互告知，以便促进学术交流。因此，科技报告不同于科技应用文"报告"。科技报告是研究者对研究工作的学术性报告，科技应用文中的"报告"通常是用来处理科技管理中的事务，并不具备学术性。

二、科技报告的特点

（一）实践性

科技报告是以大量的科学实践、实验的过程、成果为依据的。如果没有科学实践、实验，那么科技报告也就不称为报告了。撰写科技报告时，要如实反映科学实践、实验的情况，科技报告既可以反映研究成果，也可以反映研究工作的进展、过程，还可以反映存在的问题及研究失败的原因。因此，科技报告是来源于实践的报告。

（二）告知性

告知性是科技报告的根本特性。告知的对象，如上所说，一是上级科研主管部门或资助单位，二是同行或合作者。告知上级科研主管部门或资助单位，是研究者应尽的义务；告知同行或合作者，是互通消息、促进学术交流，合力把研究课题搞好。

（三）保密性

科技报告绝大多数如实反映了新的科研成果、新技术装备，因此，不宜公开发表，保密性强，读者范围规定严格。例如，苏联和美国的一些尖端科学技术，一般都是用科技报告的形式内部传播，不向外传。

（四）时效性

所谓时效性，就是发表快，出版快。在国外，许多非保密性的科技报告是以小册子形式公开发表的，具有出版快的特点，这是科学论文远远不及的。因为科技论文在杂志上发表，要经过本行业权威在学术上进行审查，编辑部进行编辑加工，印刷厂进行排版、印刷，使一篇论文从投稿到刊出最快也得半年时间。而科技报告无须请本行业权威审查，排版、印刷简单，这就节约了很多时间。据报道，在国外同一研究成果，如以科技报告形式单独发表，可以比以科学论文形式在杂志上刊登早一年左右时间。

（五）灵活性

科技报告写作的基本表达方式是叙述和说明，写作格式不受拘束，文字可长可短，只要达到写作目的就行。它可以是介绍新设计的某个实验，也可以是对某一化石的研究报告；可以是介绍某一尖端技术的短篇，也可以是介绍某一国际学术会议的长篇科技会议考察报告。因此，科学报告这种文体的写作较灵活。

三、科技报告的作用

（一）传播信息的能力强

科技报告是为适应科学技术的迅猛发展而产生的一种独特文体。它以灵活的形式，报道科技研究的实践和成果，揭示科学发展的规律，以及总结科技工作成功的经验或失败的教训。其报道研究课题信息的能力，大大地超过了科学论文传播科技信息的能力。而且科技报告发表快、出版快，能够极大地促进科技成果早日问世，这种快速传播信息的能力，也是科技论文望尘莫及的。

（二）储存资料的数量大

科技报告具有储存科学研究资料的功能，这表现在科技报告储存了从科技研究的内容、研究的思路、研究的方法至研究的过程等科技研究工作所获得的一切资料，这些资料一般都比较详细、全面、系统，逐渐积累成为文献资料，并成为目前文献资料的一大门类。

四、科技报告的分类

（1）按研究资料来源划分，有实验报告、考察报告、研究报告、实习报告等。

（2）按研究工作进程划分，有选题报告、论证报告、申请报告、进展报告、成果报告等。

（3）按保密程度划分，有保密报告、解密报告、非密报告等。

【小贴士】
科技报告撰写的基础是"创新"，只有创新才能驱动发展，请每位同学在未来的工作学习中弘扬科学家精神，探索未知、追求真理，培养勇攀科学高峰的责任感和使命感。

任务二　实验报告

任务情境

公路与铁道交通学院的袁刚刚参加完为期一周的测量综合实训，就接到老师的任务：要求每位学生根据实验情况撰写实验报告。袁刚犯了难，实验报告到底怎么写？基本格式是什么样的？和以前写过的课程总结有区别吗？

【思考】你了解实验报告的写作格式吗？

> 【小贴士】
> 　　实验报告的书写是一项重要的基本技能。它不仅是对每次实验的总结，更重要的是培养和训练学生的逻辑归纳能力、综合分析能力和文字表达能力，是科学论文写作的基础。因此，参加实验的每位学生，均应秉承大国工匠精神，认真地书写实验报告。要求态度严谨认真，内容实事求是，分析全面具体，文字简练通顺，誊写清楚整洁。

任务指南

一、实验报告的概念

　　实验报告就是把实验的目的、方法、过程、结果等记录下来，经过整理，写成的书面汇报。

　　实验报告的种类因科学实验的对象而异，如化学实验的报告叫化学实验报告，物理实验的报告就叫物理实验报告。随着科学事业的日益发展，实验的种类、项目等逐渐增多，但其格式大同小异，比较固定。实验报告必须在科学实验的基础上进行撰写，它主要的用途在于帮助实验者不断地积累研究资料，总结研究成果。

二、实验报告的写作格式

　　实验报告内容一般包括：实验项目名称，实验目的和要求，实验内容和原理，实验所需的仪器、设备，实验操作步骤与操作方法，实验数据的记录、整理与处理，绘制有关曲线，对实验进行总结，写出结论并进行分析、讨论。

　　实验报告的一般格式如下：

（一）实验名称

实验名称＿＿＿＿＿＿＿＿＿＿＿＿＿＿＿＿＿＿＿＿＿＿＿＿＿＿＿＿＿＿＿

要用最简练的语言反映实验的内容。

如验证某程序、定律、算法，可写成"验证×××""分析×××"。

（二）学生姓名、学号及合作者

学院＿＿＿＿＿＿＿＿＿　系＿＿＿＿＿＿＿＿＿＿　专业＿＿＿＿＿＿＿＿＿

班级＿＿＿＿＿＿＿＿＿　姓名＿＿＿＿＿＿＿＿＿　学号＿＿＿＿＿＿＿＿＿

组号＿＿＿＿＿＿＿＿＿　同组人＿＿＿＿＿＿＿＿＿＿＿＿＿＿＿＿＿＿＿＿

（三）实验日期和地点（年、月、日）

实验时间＿＿＿＿＿＿＿＿＿＿＿＿＿＿　实验地点＿＿＿＿＿＿＿＿＿＿＿＿＿

（四）实验目的

目的要明确，在理论上，验证定理、公式、算法，并使实验者获得深刻和系统的理解；在实践上，掌握使用实验设备的技能技巧和程序的调试方法。一般需说明是验证型实验还是设计型实验，是创新型实验还是综合型实验。

（五）实验内容及原理

这是实验报告中极其重要的内容。要抓住重点，从理论和实践两个方面考虑。这部分要写明依据何种原理、定律算法或操作方法进行实验以及详细的理论计算过程。

（六）实验所需的仪器及环境

写明实验用的仪器设备和实验所需的软硬件环境配置。

（七）实验步骤

只需写主要操作步骤，不要照抄实验指导，要简明扼要。还应该画出实验流程图（实验装置的结构示意图），再配以相应的文字说明，这样既可以节省许多文字说明，又能使实验报告简明扼要、清楚明白。

（八）实验数据处理与分析

实验数据处理与分析包括实验现象的描述、实验数据的处理等。原始资料应附在本次实验主要操作者的实验报告上，同组的合作者要复制原始资料。

对于实验结果的表述，一般有以下三种方法：

（1）文字叙述：根据实验目的将原始资料系统化、条理化，用准确的专业术语客观地描述实验现象和结果，要有时间顺序以及各项指标在时间上的关系。

（2）图表：用表格或坐标图的方式使实验结果突出、清晰，便于相互比较，尤其适合于分组较多且各组观察指标一致的实验，组间的异同一目了然。每一图表应有表目和计量单位，应说明一定的中心问题。

（3）曲线图：应用记录仪器描记出曲线图，使这些指标的变化趋势更加形象生动、直观明了。

在实验报告中，可任选其中一种或几种方法并用，以获得最佳效果。

（九）讨论

讨论指根据相关的理论知识对所得到的实验结果进行解释和分析。如果所得到的实验结果和预期的结果一致，那么它可以验证什么理论、实验结果有什么意义、说明了什么问题，这些都是实验报告应该讨论的。但是，不能用已知的理论或生活经验硬套在实验结果上；更不能由于所得到的实验结果与预期的结果或理论不符而随意取舍甚至修改实验结果，这时应该分析其异常的可能原因。如果本次实验失败了，应找出失败的原因及以后实验应注意的事项。不要简单地复述课本上的理论而缺乏自己主动思考的内容。

另外，也可以写一些本次实验的心得以及提出一些问题或建议等。

（十）结论

结论不是具体实验结果的再次罗列，也不是对今后研究的展望，而是针对这一实验所能验证的概念、原则或理论的简明总结，是从实验结果中归纳出的一般性、概括性的判断，要简练、准确、严谨、客观。

三、实验报告的写作要求

(1) 实验报告和实验预习报告使用同一份实验报告纸,实验报告是在实验预习报告的基础上继续补充相关内容就可以完成的,不需做重复劳动,因此首先需要把实验预习报告做得规范、全面。

(2) 根据实验要求,在实验时间内到实验室进行实验时,要一边测量,一边记录实验数据。但是为了使报告更加准确、美观,此时应该把实验测量数据先记录在草稿纸上,等到整理报告时再抄写到实验报告纸上,以避免错填了数据,造成修改,把报告写得很乱。

(3) 在实验中,如果发生实验测量数据与事先的计算数值不符,甚至相差过大,此时应该找出原因,判断是原来的计算错误,还是测量中有问题,不能不了了之,否则,这样只能算是未完成本次实验。

(4) 实验报告不是简单的实验数据记录纸,应该有实验情况分析。要把通过实验所测量的数据与计算值加以比较,如果误差很小(一般5%以下)就可以认为是基本吻合的;如果误差较大,就应该有误差分析,并找出原因。

(6) 在实验报告上应该有每一项的实验结论,要通过具体实验内容和具体实验数据分析作出结论(不能笼统地说验证了某某定理)。

(6) 设计性、综合性实验要画出所设计的电路图,标出所选出和确定的电路参数,要有验算过程和必要的设计说明。

(7) 必要时需要绘制曲线,曲线的刻度、单位应该标注齐全,曲线比例合适、美观,并针对曲线作出相应的说明和分析。

(8) 在报告的最后要完成指导书上要求解答的思考题。

(9) 实验报告在上交时,上面应该有实验指导教师在实验中给出的预习成绩和操作成绩,并有指导老师的签名,否则报告无效。

四、实验报告的评价标准

项目	评分标准	分值	自评得分	互评得分
格式	按照学院要求的实验/实训报告的规范格式书写	20分		
	排版规范美观	10分		
内容	引言、主体内容无遗漏,主体结构一目了然,重点突出,能够进行有目的的筛选,完整反映实验/实训过程	20分		
	内容翔实,数据、例证充分	20分		
	理性分析,行文条理清晰	10分		
表达	语言得体,行文自然,态度诚恳	20分		
	总分	100分		

例文赏析

【例文1】

测量学实验报告

测量学（又名测地学）涉及人类生存空间，即通过把空间区域列入统计（列入卡片索引），测设定线和监控来对此进行测定。它的应用范围很广泛，从地形和地球万有引力场的确定到土地测量（不动产土地）、土地财产证明、土地空间新规定和城市发展。

一、实验目的

由于测量学是一门实践性很强的学科，所以测量实验对培养学生的思维和动手能力、掌握具体工作程序和内容起着相当重要的作用。实验的目的与要求是：熟练掌握常用测量仪器（水准仪、经纬仪）的使用，认识并了解现代测量仪器的用途与功能。在实验中要注意使每个学生都能参加各项工作的练习，注意培养学生独立工作的能力，加强劳动观点、集体主义和爱护仪器的教育，使学生得到比较全面的锻炼和提高。

二、实验内容

简要步骤：

1. 拟定施测路线。先选一个已知水准点作为高程起始点，记为 a，再选择有一定长度、一定高差的路线作为施测路线，然后开始施测第一站。以已知高程点 a 作后视点，在其上立尺，在施测路线的前进方向上选适当位置为第一个立尺点（转点1）作为前视点，在转点1处放置尺垫，立尺（前视尺）。将水准仪放置在前后视距大致相等的位置（常用步测），读数 $a1$，记录；再转动望远镜瞄前视尺读数 $b1$，并记录。

2. 计算高差。$h1=$后视读数$-$前视读数$=a1-b1$，先将结果记入高差栏中，然后将仪器移至第二站，第一站的前视尺不动变为第二站的后视尺，第一站的后视尺移到转点2上，变为第二站的前视尺，按与第一站相同的方法进行观测、记录、计算。按以上程序依照选定的水准路线方向继续施测，直至回到起始水准点 $b1$ 为止，完成最后一个测站的观测记录。

3. 成果检核。计算闭合水准路线的高差闭合差；若高差闭合差超限，应先进行计算校核，若非计算问题，则应进行返工重测。

实验过程中控制点的选取很重要，控制点应选在土质坚实、便于保存和安置水准仪的地方，相邻导线点间应通视良好，便于测角量距，边长60~100米。我觉得我们组测量时就有一个点的通视不是很好，有树叶遮挡，但是那也没办法，因为那个地方的环境所致，不过幸好我们可以解决。还有水准仪和经纬仪的调平和对中都需要做好，这些都直接影响测量结果。测量学实验是测量学的重要组成部分，其目的是巩固我们课堂所学的理论知识，获得测量实际工作的初步经验和基本技能，着重培养我们的独立工作能力，使我们进一步熟练掌握测量仪器的操作技能，提高计算和绘图能力，并对测绘小区域大比例尺地形图的全过程有一个全面和系统的认识，为今后解决实际工作中的有关测量问题打下坚实的基础。

观测时要认真,有时目标稍微偏一点,读盘上读数就会有变化,误差就会增大,如果超出允许值范围,结果就要重测,会浪费很多时间。读数时最好由一个人来读数,这样可减少误差。

计算是一个谨慎、复杂的过程。为了能够尽量赶超进度,我们组的数据大部分由我和李丽进行处理。但是,计算完之后,我们俩都有个任务就是给组内不会处理数据的人讲解,以便每个人都会处理。

在处理数据时我们还发现了不少问题。例如,有时发现少测了一段距离,有时发现角度不对,最后我们又扛着仪器重新开工。大家都有一种使命感,不管怎样都要把它测量准确,不能马虎大意,更不能投机取巧。养成一个良好的习惯,持有一种认真、谨慎的态度,相信这将成为我们以后工作中取之不尽、用之不竭的一笔财富。在返工之前,我们认真分析错误原因,例如风也有可能影响我们的测量结果,这样可以锻炼我们分析问题的能力。

首先,我基本掌握了课堂所学的测量学知识,知道如何正确使用水准仪、经纬仪、角度、高差等,测量学是研究地球的形状和大小以及确定地面(包含空中、地下和海底)点位的科学。既然是要测量就离不开实践。实践是对测量学知识的最好检验,只凭在课堂上的听,我并没有掌握很多具体知识,尤其是对仪器的使用更是一塌糊涂。当第一天开始测量的时候,我的心里还一阵阵的发愁,不知该如何把任务进行下去。当动手的时候,发现其实并不难,听别人一说或者翻阅一下课本,然后自己动手操作一遍,就基本掌握了方法。要想提高效率和测量精度,还要经常练习,这样才能做到举一反三。

其次,我懂得了做任何事情都要认真细致,不能有丝毫的马虎,特别是在使用水准仪、经纬仪这样精密的仪器时,更要做到精益求精。因为稍有差错就可能导致数据有很大的偏差,更会导致以后其他量的测量出错,最终导致数据计算的错误。比如我们刚开始测量角度时,一个基准点没有瞄准,导致一个角度偏小,然后角度的闭合差也不符合要求,最终经过校验,才发现问题出在哪儿。

最后,我还养成了吃苦耐劳、艰苦奋斗的作风。要将一次测量实验完整做完,单靠一个人的力量和思考是远远不够的,只有小组的合作和团结才能让实验快速而高效地完成。我们完成这次实验的原则也是让每个组员不但都能学到知识而且会实际操作,而不是抢时间,赶进度,草草了事收工。我们深知搞工程这一行,需要的就是细心,做事严谨。

【例文1分析】

这是一篇高职院校测量专业学生的实验报告。该报告详细地对此次实验进行了总结,内容实事求是,分析全面具体,文字简练通顺。报告中详细记录了实验过程中出现的问题、解决方法及处理结果,体现了作者认真严谨的科学态度、踏实敬业的工作态度。

【例文2】

《铁道信号设计与施工课程设计》实训报告

1. 实训概况(略)

   1.1 实训基本情况

   1.2 设计分工情况

2. 实训过程（略）

    2.1   绘制图框

    2.2   线路编号

    2.3   道岔编号

    2.4   划分集中区

    2.5   信号机设置及命名（略）

        2.5.1   进站信号机设置及命名

        2.5.2   出站信号机设置及命名

        2.5.3   调车信号机设置及命名

    2.6   轨道区段划分及命名（略）

        2.6.1   轨道区段的划分方法

        2.6.2   钢轨绝缘节位置的确定

        2.6.3   轨道区段命名

    2.7   坐标计算（略）

        2.7.1   道岔坐标

        2.7.2   警冲标坐标

        2.7.3   信号机坐标

        2.7.4   股道有效长度计算

    2.8   联锁表的编制（略）

3. 心得体会

本次实训让我学到了很多知识，也感受到了所学知识与实际的应用，理论与实际的相结合，让我得到了提升，也算是对以前所学知识的一个检验吧。这次实训对于我们以后的学习也是受益匪浅。实训时间为一周，按照计划，第一天我们绘制了平面图，第二、三天编制了联锁表，第四天我们分析了有极、无极等继电器的工作原理，最后一天撰写了报告。此次实训让我们提高了动手能力和团队合作意识。

刚开始因大家水平能力有限，整体工作效率缓慢，一周坚持磨合下来，最终，我们组的队员都能准时完成当次的任务，总体的进度还算可以。与刚开始相比，组员的自觉性明显提高，工作效率和认真程度也有明显改善。比如在第一、二天的课程中，我们就因工作处理的细节问题，耗费了好几节课来进行错账更正，最后针对这一问题，我们采用了两人一组核对的解决措施，大大提高了准确度，也减轻了车站平面设计图之外的工作量。到实训的后几天，我们明显减少了向老师咨询问题的次数，更多的是组内成员相互讨论、解答。

我们小组在整体上都有所进步，但与此同时还是会存在一些不足之处，比如对于车站平面设计图纸和联锁表保存得不够细心、折叠得不够认真，以至于出现了不少折破迹象，这些都会影响到它们的可观度。

这次实训虽然只有短短的一周时间，却对我们有着重大的意义。它使我们看到了自己的不足，也使我们发现了自己的长处，并锻炼了我们各个方面的能力，这将对我们以后的学习和工作产生积极的影响，比如我们接下来会提醒组员在绘制车站平面设计图时要更加细心，同时我也会努力做好检查审核的工作，加强大家对平面设计图及联锁表的保管等。这次实训培养了我们的团队合作意识，并对这一专业有了新的认识，也使我们在以后的工作中更加自信。

【例文 2 分析】

  这是一篇高职院校城市轨道铁道信号专业的实训报告。报告从实训概况、实训过程及实训心得体会三个方面进行了总结。报告内容丰富，条目清晰，较完整地总结了实训过程，深刻分析了实训带来的收获，体现了小组团队合作解决问题的能力，突出了小组成员动手、动脑和勇于创新的素养。

任务三 实习报告

任务情境

  四个月的实习时间很快过去了，高磊的指导老师要求他将实习期间的实习日志进行汇总，总结这几个月的成长、收获和教训等，然后写一篇实习报告。

  【思考】实习日志可以直接用来作为实习报告吗？实习报告的撰写应侧重哪些方面？

任务指南

一、实习报告的概念

  实习报告是指在校大学生完成一定的专业课程或全部专业课程，并根据教学计划进行实习后，向指导老师或教学管理部门提交的反映自己实习收获及相关情况的书面材料。

二、实习报告的作用

  实习报告能够使老师全面具体地了解学生的收获，便于检查理论与实践相结合的教学效果。与此同时，有利于学生总结实习过程中的经验教训，加深对理论知识与实践技能相结合的重要性的认识，从而进一步提高思想觉悟，为日后的学习和实习提供帮助。

三、实习报告的特点

（一）感受性

在写作实习报告时，最重要的是要写出自身在参加实习时经历了什么，将理论应用到实践中所获得的收获和感受，这也是实习的目的和意义。

（二）自身性

实习报告是参加实习的人对自己实习过程中所取得的收获和体会的报告，而不是对他人实习过程的汇报和概括。

（三）客观性

撰写实习报告时，应对实习情况进行客观记录，对自己的失败和成功进行客观总结，必须杜绝凭空想象、任意虚构的做法。

（四）概括性

在记录实习报告中的实习过程时，不能事无巨细，连琐碎的小事都记录下来，而是要有目的、有侧重地进行记录，用概括的语言总结实习的过程，将知识转化为能力的过程反映出来。

四、实习报告的写作格式

实习报告由标题、署名、引言、正文和结尾五个部分组成。

（一）标题

标题的结构形式有以下三种：

（1）实习时间/实习单位+文种：如"暑假实习报告""××酒店实习报告""××工程实习报告"。

（2）正标题+副标题：其中正标题是对实习报告主旨的提炼，副标题由实习时间/实习单位+文种构成。

（3）文种：如"实习报告"。

（二）署名

署名部分的内容主要包括姓名、专业和班级。

（三）引言

引言部分简要概述实习的基本情况，如时间、地点、实习单位和任务安排，或将实习感受和实习结果用高度概括的语言反映出来。引言并不是实习报告的必有元素，有些实习报告可以省略这部分内容。

(四) 正文

实习报告的正文一般包括实习内容和实习体会两部分。

1. 实习内容

实习内容是实习报告的重要组成部分之一，包括实习中所承担的工作任务、工作环节、具体做法等。阐述实习内容时，应重点阐述怎样将所学的知识理论运用到实际工作中；自己周围的人是如何工作的，他们的工作态度、方法和工作作风是怎样的，对自身有何启示等。总之，要将自己实习期间的所见所闻有条理地写出来。

2. 实习体会

实习体会是对实习的内容和过程做理性分析，总结出自己的收获、体会等，还应客观地认识到自己的不足和应改进的地方。

(五) 结尾

实习报告的结尾应针对自身的不足提出努力方向或今后的打算和愿望。最后还应对提供实习机会的学校、单位、同事和领导表示由衷的感谢。若正文已包括上述内容，则可省略结尾。

五、实习报告的写作模板

标题	实习时间/实习单位+文种
署名	班级、专业和姓名
引言	概述实习的基本情况、实践感受和实习结果
正文	实习过程及实习内容； 实习体会
结尾	对自身的不足提出努力的方向或今后的打算和展望；感谢语

六、实习报告的写作注意事项

(一) 注意收集材料

想要写出好的实习报告，必须广泛收集素材，并通过工作日记等形式记录下来。例如，专业知识是如何在工作中灵活运用的，周围同事是如何处理问题、解决矛盾的，实习单位是如何落实上级指示精神的，等等，这些都是写好实习报告所需的素材。

(二) 突出重点

实习报告和工作日记不同，不能事无巨细、什么都写，必须对所做过的工作和所见所闻进行有目的的筛选，所选取的材料必须围绕报告的主旨，能够突出重点。

七、实习报告的评价标准

项目	评分标准	分值	自评得分	互评得分
格式	按照学院要求的实习报告的规范格式书写	20 分		
	排版规范美观	10 分		
内容	引言、主体内容无遗漏，主体结构一目了然，重点突出，能够进行有目的的筛选，完整反映实习过程	20 分		
	内容翔实，数据、例证充分	20 分		
	理性分析，行文条理清晰	10 分		
表达	语言得体，行文自然，态度诚恳	20 分		
	总分	100 分		

例文赏析

会计实习报告

一、实习情况概述

会计是一个讲究经验的职业，工作经验是求职时的优势。为了积累更多的工作经验，在学校的帮助下，加之自身的努力，我最终获得了到陕西××有限公司实习的机会。实习期间，我努力将自己所学的会计理论知识向实践方面转化，尽量做到理论与实践相结合。此外，在实习期间，我遵守工作纪律，不迟到、早退，认真完成领导交办的工作，得到了公司领导及全体员工的一致好评。与此同时，我也在工作中发现了自身许多的不足之处。

陕西××有限公司是一家事业单位下属的小型公司，其主要业务是种苗和农药的销售。每年的业务不是太多，因此财务室只设有会计、出纳各一名。该单位采用电脑记账的方式，使用的是三门财务软件。

此次实习，我的主要工作岗位是会计，参与了 10 月到次年 3 月全部的会计工作。我的主要任务是了解公司的会计科目设置及会计处理方法，同时对出纳工作也有了具体的了解。

二、实习内容及过程

在实习中，从审核原始凭证、编制记账凭证、登记账目到编制会计报表我都亲自动手，并认真学习了标准的事业单位会计流程，在前辈的指导下，我还学习了《公司法》《税法》和《会计法》，以及三门财务软件的使用方法，真正从课本走到了现实中，将抽象的理论运用到实际的工作中。

实习期间，我努力工作，严格要求自己，虚心向财务人员请教，认真学习会计理论、会计法律和法规等知识，掌握了一些基本的会计技能，具体包括以下几点：①原始凭证的审核方法及要点；②记账凭证的填写及审核要点；③明细账、总账的登记及对账；④财务报表及纳税申报表的编制与申报；⑤会计档案的装订及保管常识。更重要的是，我还学会了一些综合事务的处理方法，如营业执照的办理、税务登记的有关事项、一般纳税人的申请，以及企业合理避税的方法等，为以后真正走上工作岗位打下了坚实的基础。

三、实习收获与体会

通过实习，我发现会计是一门实务与理论结合性很强的学科，尽管我学过这门课，但是当我第一次操作具体业务时，又觉得和书上有所不同，实际工作中的事务是细而杂的，只有多加练习才能牢牢掌握。

实际上，这次实习最主要的目的是想看看我们所学的理论知识与公司实际操作有何区别、内部控制如何执行、如何贯彻新的会计政策、新旧政策如何过渡，以及一些特殊的账户如何处理等。带着这些问题，我在五个月的实习期里多听多看，不懂的地方就请教领导或同事，从而让我对这些问题有了一定的了解，达到了这次实习的目的。

通过实习，我除了巩固并运用了会计专业知识，还了解到许多在课堂上学不到的东西。例如，公司是如何运作的、员工之间的团队合作精神、处理业务的过程、规章制度的执行情况、企业的管理等。

四、实习总结与建议

作为一名会计实务人员，这次实习让我看清了自己今后的努力方向。我要增强自身的实务能力、应变能力、心理素质和适应能力等。除此之外，拥有一颗上进心也是非常重要的。

总而言之，在工作中仅靠课堂上学的知识远远不够，我们还要在其他时间多给自己充电，在学好本专业知识的基础上，拓宽学习领域。另外，在工作中遇到问题时要多向他人请教，以此强化自己的人际沟通能力。如何与人打交道是一门艺术，也是一种本领，在今后的工作中不能忽视。

每一次的经历都是一种积累，而这种积累正是日后的财富。无论是在工作上，还是在学习上，我们都要让这些宝贵的财富发挥它的作用，从而达到事半功倍的效果。经过这次实习，无论是专业知识，还是为人处世，我都学到了很多。感谢陕西××有限公司提供的这次实习机会。

赵××
2022 年 5 月 3 日

【例文分析】

这是一篇会计专业学生的实习报告。全文分为实习情况概述、实习内容及过程、实习收获与体会和实习总结与建议四个部分。报告首先简要讲述了实习内容，然后重点讲述了实习体会，全文态度诚恳，条理清晰。

任务四　毕业论文

任务情境

转眼进入了毕业季，近来同学们讨论的话题都集中在如何写毕业论文和如何确定论文题目上。袁刚通过网络查询和老师沟通了解到：毕业论文选题时要注意用小题目做大文章。选题应具体到某个企业或项目，论文题目越小，越容易把握，越能够集中搜集所需资料，从而进行较深刻细致的论述。在选题时应结合现实与自身实际，或通过调查分析，从一个小问题入手，细致探讨。要想把选题做具体，最好是联系实际。例如，"公路工程造价风险管理研究——以××项目为例"与"公路工程造价信息化管理发展趋势"两个题目相比，前者更好。

【思考】怎样选定合适的论文选题？毕业论文的基本结构是怎样的？毕业论文的写作和其他文种有何区别？

任务指南

一、毕业论文的概念

毕业论文是高等院校毕业生提交的有一定学术价值的文章。它是大学生完成学业的标志性作业，是大学生对学习成果的综合性总结，是大学生从事科学研究的最初尝试，是大学生在教师指导下所取得的科研成果的文字记录，也是大学生展示知识的掌握程度、分析问题和解决问题的基本能力的一份综合答卷。

按照学历层次的不同，毕业论文可分为大专毕业论文、学士学位论文、硕士学位论文、博士学位论文和其他毕业论文。高职院校学生，既可写学术论文，也可写偏重实践的工作研究、调查分析等论文。

二、毕业论文的特点

（1）科学性。论点正确，论据真实、充分，论证符合逻辑。
（2）创造性。见解新，角度新，材料新，研究方法新。
（3）理论性。通过精深的分析、严密的论证、逻辑的推理，阐明论点。

三、毕业论文的分类

根据论文在表述方面的特点，可将毕业论文分成以下六类：

(一) 论述型论文

论述型论文有论有述，其"论"的比重比较大。作者往往通过大量的资料、数据，正面论述自己对某一问题的看法、认识，并报告自己的研究成果。

(二) 评论型论文

评论型论文有述有评，其"评"的比重比较大。它往往有明确的评论对象，即作者研究的对象。作者通过对事物的评价，发表自己的看法、认识，并报告自己的研究成果。

(三) 说明型论文

说明型论文有述有论，其"述"的比重比较大。它重在资料的收集、挖掘、整理、鉴别、描述、交代。说明型论文是以实验、调查、观测为主要研究手段而写成的毕业论文，如年谱、方言调查研究、古籍钩沉辑佚等，其描述、说明的成分往往比较重，而"论"只是在资料陈述的基础上顺势而出。

(四) 综述型论文

综述型论文有述有议，述议并重。它是作者在查阅大量文献资料的基础上，经过自己的思考、研究，全面、系统地报告某一专业领域或某一科研课题在一定时限内研究的进展、现状、问题、发展趋势等内容的论文。撰写综述型论文，既要客观、公正地引述别人的研究成果，又要站在学科前沿评价别人的研究成果。但是，如果只有述而没有评，即只有别人的研究成果却没有自己独到的见解，那就是一般的学术信息，不能算是毕业论文。

(五) 实验型论文

实验型论文是通过设计实验、进行实验研究、分析实验结果，得出富有创造性的结论和见解的论文。它是作者在大量探索和研究的基础上，提出新的论点、公式、某些规律和内在本质的论文。

(六) 设计型论文

设计型论文是设计工艺流程或生产设备，在设计过程中形成的最佳方案，并对这一方案进行全面论述。设计型论文设计的内容各不相同，但其表达方式基本一致，一般都由设计说明书和设计图组成。

四、毕业论文的写作意义

(1) 通过毕业论文，可以检查学生几年来在大学里的学习情况，特别是用理论联系实际解决问题的能力。

(2) 通过毕业论文，可以对学生进行科学规范训练，提高他们进行科学研究和表达研究成果的能力，学会并掌握写作学术论文的一些基本方法。

五、毕业论文的写作过程

（一）选题

选题是指确立论文题目。确定研究的目标和主攻方向一定要和所学本专业相关，在选题时应该注意以下四点：

1. 理论联系实际，注重现实意义

首先要注意选题的实用价值，也就是我们选的题目，应该是与社会生活密切相关、为人们所关心的问题，特别是社会经济发展过程中亟待解决的问题。这类问题反映着一定历史时期和阶段社会生活的重点和热点，是与广大人民群众的利益息息相关的。我们运用自己所学的理论知识对其进行研究，提出自己的见解，探讨解决问题的方法，这是很有意义的。其次要注意选题的理论价值。强调选题的实用价值，并不等于急功近利的实用主义，也绝非提倡选题必须有直接的经济效益。

2. 难易适中，大小适度

选择毕业论文的题目，把握好"适中"的原则是很重要的。首先，题目的难易要适中。如果难度过大，超过了自己所能承担的范围，一旦盲目动笔，很可能陷入中途写不下去的被动境地，到头来迫使自己另起炉灶、更换题目，这样不仅造成了时间、精力的浪费，而且也容易使自己失去写作的自信心。当然如果论文题目选得过于容易，也不能反映出自己真实的水平。其次，题目的大小要适度。一般来说宜小不宜大，宜窄不宜宽。题目太大容易把握不住方向，考虑难以深入细致，容易泛泛而论。当然题目是大点好还是小点好，每个人情况不同，难以一概而论。有的学生理论素养好，了解情况较多，写作水平较高，也可以写大一点的题目。但一般来说，题目还是小一点、具体一点为好。小题目容易驾驭，只要写得丰满深入，同样很有价值。

3. 知己知彼，量力而行

所谓"知己"，就是要充分估计自己的知识储备情况和分析问题的能力，同时还要充分考虑自己的特长和兴趣。所谓"知彼"，就是要了解本专业本领域中已有的科研成果，了解别人已经解决了什么问题、还存在什么问题、是否有争论、争论的焦点是什么，哪些方面的研究比较薄弱、哪些方面的研究尚待开拓，等等。只有知己知彼，才能避免重复和雷同。

4. 勤于思索，刻意求新

毕业论文的质量高低、价值的大小，很大程度上取决于论文是否有新意。所谓"新意"，即论文中表现自己的新看法、新见解、新观点。有了较新颖的观点（即在某一方面或某一点上能给人以启迪），论文就有了灵魂，有了存在的价值。论文的新意可以从以下几个方面着眼：第一，从观点、题目到材料直至论证方法全是新的。这类论文写好了，价值较高，社会影响也大，但其写作难度大。第二，以新的材料论证旧的课题，从而提出新的或部分新的观点、新的看法。第三，以新的角度或新的研究方法重新研究已有的

课题，从而得出全部或部分新的观点。第四，对已有的观点、材料、研究方法提出疑问，虽然没有提出自己新的看法，但能够启发人们重新思考问题。以上四个方面并不是对"新意"的全部概括，但只要能做到其中一点，就可以认为文章的选题有新意。

（二）搜集、整理材料

1. 论文材料的搜集

论文材料的搜集，可以通过实地调查、实验等，收集第一手材料；也可从报纸、杂志、图书馆、网络等媒介中获取，收集第二手材料。论文材料搜集的原则如下：

（1）围绕选题，全面地搜集材料。

所谓"全面"，就是围绕选题，尽可能将选题所涉及的方方面面的材料都搜集到。在搜集材料时，要知道搜集哪些方面的材料，要搜集多少材料。不同学科、不同选题所需要的材料种类、数量是不同的，但总的来说，都要有一个全面、系统的概念，不能漏掉某一方面的内容。

另外，不仅要搜集与选题有关的直接材料，还要搜集相关的间接材料，甚至与论题相反的材料；既要有理论材料，又要有事实材料；既要有个别材料，又要有综合材料；既要有现实材料，又要有历史材料；既要有正面材料，又要有反面材料；既要有实证性材料，又要有文献性材料。搜集材料必须客观，不能遇到符合自己观点的材料就要，与自己观点相悖的就舍；不能只注意材料的主要方面而忽略其次要方面，更不能只强调其次要方面而忽略其主要方面。

（2）注意材料来源的真实性、准确性。

搜集论文材料时要特别注意材料的真实性和准确性。材料是观点的基础和依据，材料的真实性和准确性决定了论文的科学性和价值性。搜集文献材料时，首先要关注材料的来源是否真实可靠。文献中再好的材料如果没有确切的可以验证的来源也不能视为搜集对象。有些文献资料在汇编过程中就出现了许多讹误，若不加辨别地使用，就会以讹传讹。搜集实证材料时，方法的科学性、材料的普遍适用性等显得尤为重要。

真伪不分是论文材料搜集的大忌。无论是文献材料还是实证材料，无论是直接引用还是间接引用，材料的来源、出处都要不厌其烦地认真核对，决不能盲目照抄或道听途说。

（3）抓住重点材料、新材料。

研究任何一个课题都有主要材料和次要材料之别，如果不能辨其轻重，过多地使用次要材料，就犯了"捡了芝麻丢了西瓜"的错误。在所有材料中，调查研究的材料是核心材料。核心材料必须全面搜集，仔细研究，如果忽视这第一手资料，一头扎入他人的论述中去东抄西摘，就是主次不分了。

在研究中，新材料的发现有着非常重要的意义，往往能带来认识和研究的突破。在搜集材料时，要尽可能地拓宽自己的搜集范围，这样就有可能发现一些遗漏的或未被发现的材料。同时，在研究过程中，随着选题的逐步明确、思路的拓宽和深入，搜集材料的范围也需要及时调整和补充。

2. 材料的分析与整理

搜集的大量材料多是分散零乱的，需要对其进行整理和分析比较，去粗取精，去伪存真。一般来说，应做到以下三点：

（1）分类材料。熟悉材料，并将大量、繁杂的材料进行分类，便于使用时能够立刻找出来。

（2）选取材料。通过对材料进行对比分析，选取紧扣主题、真实、准确、典型的材料。

（3）提炼材料。对资料进行推敲、筛选，留下最能反映问题本质、最具有说服力的材料，提炼和形成自己的观点也就是论点。形成论点时应注意：①论点要鲜明，不能含糊其词；同时论点又要辩证，不能走极端；②论点要科学正确，不与常理和事实相背离；③论点要准确，不要夸大其词，防止偏颇。

（三）拟定论文提纲

论文提纲包括题目、中心论点、内容纲要等。

论文提纲可以是简单提纲，也可以是详细提纲。简单提纲只是概括地提示论文的要点，详细提纲则是把论文的主要论点和展开部分较详细地列出来，这样写作就能更顺利地完成。提纲可以采用标题式、提要式和图表式三种，一般标题式较为常用。用简洁的标题形式把论文各部分的内容要点概括出来，同时这些标题可直接作为论文中各部分的小标题。

（四）执笔成文

首先要拟定草稿，拟定草稿有两种方法：一种是一气呵成法，另一种是分块合成法。

（五）修改润色

初稿写好以后，应该多修改几遍，对整篇论文进行逐行、逐句、逐段反复推敲，检查每一个具体论点、论据、论证是否恰当有力，表达是否合乎逻辑，务求不留疑点。修改的方法有冷却法、切磋法、朗读法。

修改的范围主要有：

（1）论点与论题的一贯性；
（2）观点与材料的统一性；
（3）论文的结构层次与逻辑思维的密切性；
（4）论文语言表达的准确性；
（5）标点符号使用的正确性；
（6）采用的数据、年代、人物名及地名是否准确。

六、毕业论文的写作格式

任何毕业论文的写作都不是一蹴而就的，它的完成需要经历较长的时间和艰难的研究过程。撰写毕业论文要遵循一定的格式规范，一篇完整的毕业论文主要由以下几个部分构成：

毕业论文包括标题、目录、内容摘要与关键词、正文、致谢、参考文献、附录。其中附录视具体情况安排，其余为必备项目。如果需要，可以在正文前加"引言"，在参考文献后加"后记"。

（一）标题

标题是论文的眉目。论文的标题样式繁多，但无论是何种形式，都要从整体或不同的侧面体现作者的写作意图和论文主题。毕业论文的标题一般分为总标题、副标题和分标题三种。

（二）目录

设置目录的目的主要有两点：一是使读者能够在阅读该论文之前对全文的内容和结构有一个大致的了解；二是为读者选读论文中的某个分论点提供方便。目录一般放置在论文正文的前面，因而是论文的导读图。要使目录真正起到导读图的作用，必须注意以下三点：

（1）准确。目录必须与全文的纲目相一致，即论文的标题、分标题与目录存在着一一对应的关系。

（2）清楚。目录应逐一标注该行目录在正文中的页码，让人看起来一目了然。

（3）完整。论文的各项内容都应在目录中反映出来，不得遗漏。

（三）内容摘要与关键词

内容摘要的写作目的有两点：一是让指导老师在未审阅论文全文时，先对论文的主要内容有大体了解，知道研究的主要逻辑顺序和取得的主要成果；二是使其他读者通过阅读摘要，能大体了解作者所研究的问题，使读者产生共鸣并进一步阅读全文。因此，摘要应该把论文的主要观点提炼出来，字数控制在论文总字数的5%以内。

关键词是从论文标题、内容摘要或正文中提取的，能表现论文主题的、具有实质意义的词语，关键词的数量通常不超过7个。

（四）正文

正文是论文的主体部分，通常由绪论（引论）、本论、结论三个部分组成。

1. 绪论

毕业论文的绪论应包括以下两方面的内容：

（1）研究这一课题的理由和意义。这部分要写得简洁，避免用很长的篇幅写自己的心情与感受，或不胜其烦地讲选定这个课题的思考过程。

（2）提出问题。这是前言的核心部分。提出的问题要明确、具体。有时，要写一点历史回顾，即关于这个课题，谁做了哪些研究，作者本人将有哪些补充、纠正或发展等。

2. 本论

本论是论文的主体部分，是分析问题、论证观点的主要部分，也是最能显示作者研究成果和学术水平的重要部分。一篇论文质量的高低主要取决于本论部分的好坏。要想写好本论，必须力求做到以下三点：

（1）论证充分，说服力强。论证就是用论据来证明论点的正确性或证明敌对论点错误性的过程。本论部分最主要的任务就是组织论证，以理服人。因此，作者要千方百计地证明自己的观点是正确的、可信的。

（2）结构严谨，条理清楚。本论的篇幅长、容量大、层次多、头绪纷繁，如果不按一定的次序来安排内容，就会层次不清，结构混乱，大大降低表达的效果。

（3）观点和材料相统一。本论部分的内容由观点和材料构成，写好本论要将观点和材料有机结合起来，以观点统率材料，以材料证明观点。从总体上说，材料应按照各自所要证明的观点来安排，即把所有的材料分别划归到各个小观点之下，随着观点间逻辑关系及排列顺序的明确，材料自然就各得其位了。

3. 结论

结论又称"结束语"，是论文的收束部分，是以研究成果为前提，经过严密的逻辑推理和论证所得出的最后结果。结论应明确指出论文研究的成果或观点，或对其应用前景和社会经济价值等加以预测和评价，或指出今后进一步在本研究方向上进行研究工作的展望与设想。

（五）致谢

这一部分主要用于感谢导师及对论文有直接贡献的单位和人士。

（六）附录

附录附属于正文，对正文起补充说明作用的信息材料，可以是文字、表格、图形等形式。

（七）参考文献

毕业论文的撰写应本着严谨、求实的科学态度，凡有引用他人成果之处，均应按其在论文中所出现的先后次序列于参考文献中，一般只需列出正文中以标注形式引用或参考的有关著作即可。

七、毕业论文的写作模板

标题		总标题、副标题和分标题
目录		使读者对全文的内容和结构有一个大致的了解，起导读图的作用
内容摘要		勾勒全文基本框架，并提出主要论点，展示论文的研究成果，简要叙述全文的主要内容
关键词		从论文中选取出3~8个关键词，用来表示全文主要内容
正文	绪论	阐述研究这一课题的理由和意义，并提出研究的主要问题
	本论	分析问题，论证观点
	结论	明确指出论文研究的成果或观点，对其应用前景和社会经济价值等加以预测和评价
致谢		感谢导师及对论文有直接贡献的人士和单位
参考文献		列出正文中以标注形式引用或参考的有关著作
附录		附上一些不宜放入正文，但有重要参考价值的内容（如问卷调查原件数据图表及其说明等）

八、毕业论文的评价标准

项目	评分标准	分值	自评得分	互评得分
格式	按照学院要求的毕业论文的规范格式书写	20分		
格式	排版规范美观	10分		
内容	选题有价值，切实可行，结论与前言、本论首尾贯通	20分		
内容	论点明确，内容翔实、合理新颖、论证充分、说服力强	20分		
内容	行文条理清晰，满足字数要求	10分		
表达	语言得体，行文自然，态度诚恳	20分		
总分		100分		

例文赏析

【例文1】

测量中的沉降观测技术

【摘要】近些年来，面对测绘测量市场的日益规范化、专业化，成果数据管理的不断正规化、严格化，软件的不断升级与成熟，我们急需采用新的测绘测量技术以及科学合理的管理模式。通过多个项目的实践证明，科学的组织管理模式不仅能够有效地提高工作效率，而且是一个现代化企业长足发展的根本。为使列车高速、安全、舒适运行，尽可能减少维修，将新建铁路工后沉降控制在最小值，严格控制和执行施工过程中的沉降观测是非常重要的。许多学者对沉降预测方法开展了大量的研究工作，并取得了一定的成果，但是由于自身工程特性以及沉降情况极为复杂等原因，所得工后沉降预测结果与实测沉降值之间存在较大差异，预测精度较差。因此，需要对沉降预测方法做进一步的研究。文中主要对目前工程沉降的常见使用方法做了一些归纳和比较，每种方法都有一定的局限性，只有根据具体的情况具体分析，方能在精度、质量、经济成本上达到最理想状态。

【关键词】工后沉降　沉降观测　工程测量　桥梁

1. 绪论（略）

　　1.1　引言

　　1.2　工程测量的学科研究领域

　　　　1.2.1　学科定义

　　　　1.2.2　学科地位

　　　　1.2.3　研究应用领域

　　1.3　沉降观测技术的重要性

1.4 工后沉降
2. 沉降变形观测总则（略）
　2.1 测量精度及精度要求
　2.2 变形监测网技术要求
　　2.2.1 垂直位移监测网监测方式
　　2.2.2 垂直位移监测网主要技术要求
　2.3 沉降变形监测工作具体要求
3. 路基工程沉降变形观测技术（略）
　3.1 观测断面及观测点的设施原则
　3.2 观测技术要求
　3.3 监测方法
　　3.3.1 等级测量方法
　　3.3.2 观测精度要求
　　3.3.3 观测频次要求
4. 桥涵工程沉降变形观测技术（略）
　4.1 观测点的设置原则
　4.2 观测技术要求
　　4.2.1 观测精度要求
　　4.2.2 观测频次要求
5. 过渡段工程沉降变形观测技术（略）
　5.1 观测断面和观测点的设置原则
　5.2 观测技术要求
6. 异常数据判别及修正（略）
　6.1 产生"断高"的原因
　6.2 "断高"的处理方法

结 束 语

随着国民经济建设的飞速发展以及人类改造自然的加速，大型建筑物、构筑物、地铁及在高楼密集的建筑群中兴建高楼等工程不断出现，变形监测变得越来越重要，国际上也引入了变形观测的概念，可见其重要性非同一般。变形观测的精度要求也很高，一般都在1 mm左右，有的要求更加严格。变形观测除了采用常规的测量方法和仪器，也采用专门的技术仪器和工具，如准直仪、倾斜仪、应变仪等。变形观测的特点是观测量小，且数据带有误差。要在这种观测成果中提取有用的变形信息，必须特别重视数据处理的方法，根据需求选出适合自己的方法。沉降观测技术中的变形观测技术在现在的施工过程中有着十分重要的作用，可以说就像"眼睛"一样，总得先看到才能想办法去解决。因此在观测时必须得严谨认真，不能有丝毫的马虎，不然出现的问题就会在建筑物上体现出来，从而造成不可估量的损失。

致　谢

　　还有一段时间就要结束实习生活了，这也算是学生生涯的最后一段时间。在实习的这一年里，首先要感谢学校的老师们，毫无保留地教给我们专业知识；还要感谢在实习生涯中指导老师对我的关心与指导，以及疫情防控期间对我身体的关心。在校两年的生活一晃而过，感谢同学们两年之内的帮助，这使我的大学生涯过得十分充实。最后感谢学校的指导老师和校外的师父对我定岗实习这一年的照顾，在这里也要感谢我的母校××交通职业技术学院给了我这么一个平台，让我进入这一行业。

参考文献

[1] 李青岳，陈永奇. 工程测量学 [M]. 3版. 北京：测绘出版社，2008.
[2] 郭际明，孔祥元. 控制测量学 [M]. 3版. 武汉：武汉大学出版社，2010.
（略）

【例文1分析】

　　该论文是交通类高职学生毕业论文。这篇毕业论文的结构较为完整，包括标题、摘要、关键词、目录、正文、结束语、致谢、参考文献等八个部分，符合毕业论文的一般构成。该论文题目的范围较为适宜，侧重于本专业沉降观测问题的一个侧面，较为准确地运用所学工程测量专业基础知识，理论联系实际，独立操作，解决实际岗位中出现的问题。作者在文中提及"变形观测技术在现在的施工过程中有着十分重要的作用"，"必须得严谨认真，不能有丝毫的马虎，不然出现的问题就会在建筑物上体现出来，从而造成不可估量的损失"，体现了学生领悟到精益求精工匠精神的实质，反映出学生科技报国的家国情怀和使命担当。

【例文2】 >>>

大型场馆型钢混凝土柱施工技术研究

　　【摘要】本论文主要阐述了多层型钢柱的吊装。传统方法是采用塔吊或者吊车等大型机械分层吊装的方式进行施工，上下层钢结构定位好以后现场拼装焊接，这样不仅会耗费较多的塔吊租赁费用，而且对其他工序（如钢筋工程、模板工程）的尽早穿插都有一定影响，也会影响施工工期，且焊接质量不能保证。型钢混凝土构件承载力大、刚度大、构件截面尺寸小，具有良好的延性以及较好的耗能性能，因此型钢混凝土结构的应用越来越广泛。型钢与混凝土之间良好的黏结作用是保证型钢混凝土构件中型钢与混凝土协调工作的基础。型钢、钢筋和混凝土三种材料元件协同工作，共同抵抗各种外部作用效应，才能够充分发挥型钢混凝土组合结构的优点。型钢与混凝土之间的黏结作用直接影响着型钢混凝土结构和构件的受力性能、破坏形态、计算假定、构件承载能力、裂缝和变形计算理论和分析方法。

　　【关键词】型钢柱　钢结构

目录（略）

一、前言（略）

二、型钢柱混凝土施工方法（略）

（一）工法特点

（二）适用范围

（三）新老施工方案对比

三、项目实例（略）

（一）工程概况

（二）环保措施

（三）效益分析

（四）效果检查

结 束 语

1. 施工过程中存在的问题

（1）缺少针对性培训。通过对钢筋工、木工、泥工进行摸底，发现进场工人对普通混凝土柱的施工流程及注意事项都比较熟悉，但对型钢混凝土柱施工都缺乏施工经验，特别是木工、钢筋工、砼工对型钢混凝土柱施工要点较模糊，技术交底过程中手续不完善。

（2）钢筋绑扎难度较大。型钢混凝土柱最大截面尺寸为 1800 mm×1800 mm，又因十字形型钢柱须一次性吊装至顶部，但箍筋型号大，内圈箍筋受栓钉影响，无法整体套入。根据规范要求箍筋必须为封闭型箍筋，若箍筋加工成 U 形箍交叉后单面焊接，其焊接要求高，需专业焊工施工操作，对工期及成本影响巨大，致使钢筋绑扎难度大。

（3）浇筑难度大。型钢柱周围钢筋较密，影响混凝土的流动性，钢筋密度大，影响振动棒的插入，不好振捣。

（4）型钢柱内无法使用对拉螺杆加固。由于型钢混凝土柱内置十字型钢，中间无法使用对拉螺杆，导致型钢混凝土柱支模体系不完善，在浇筑混凝土过程中发生胀模甚至爆模，严重影响型钢混凝土柱表面平整度和柱保护层厚度。

（5）型钢柱节点施工工序冲突，型钢柱吊装与柱箍筋绑扎存在冲突，型钢柱柱脚灌浆与柱支模存在冲突，型钢柱整平与框架梁绑扎存在冲突，型钢柱箍筋绑扎与梁筋焊接存在冲突，型钢柱钢筋焊接与封膜存在冲突。

2. 对策

（1）项目总工结合模型对相关工人进行技术培训。

（2）箍筋加工成 U 形箍交叉后，单面焊接改为搭接。

（3）进行现场勘察，发现虽然型钢柱周围密度较大，会稍微影响混凝土的流动性，但并不影响振动棒的插入及振捣，并且满足正常浇筑条件。

（4）将对拉螺栓焊在型钢柱对面，并采用 10#槽钢替代钢管抱压，内衬钢管。

(5) 调整施工工序，使各工种有序施工。

致谢（略）

参考文献

[1]《型钢混凝土组合结构技术规程》（JGJ 138—2001）.

[2]《型钢混凝土组合结构构造》（04SG523）.

【例文 2 分析】

该论文是交通类高职学生毕业论文，结构较为完整，包括标题、摘要、关键词、目录、正文、结束语、致谢和参考文献等部分，符合毕业论文的一般构成。该论文题目的范围较为适宜，侧重于本专业某一重要问题的一个侧面。学生能够较为准确地运用所学道路桥梁专业基础知识，理论联系实际，独立操作，解决顶岗实习中的实际岗位问题，文中体现了学生踏实敬业的工作态度，对不合格"废模板、废木枋全部禁止使用"体现出学生"安全无小事"的安全意识，反映出学生明底线、知敬畏的优良职业品质。

拓展资源/学习资源

毕业论文（上）

毕业论文（下）

项目四　求职文书

学习目标

【知识】

了解求职信、个人简历、介绍信和证明信的特点、种类和适用范围。

【能力】

熟练掌握求职书、个人简历的写作格式，学会写求职信、个人简历、证明信和介绍信，并能将其与工作实际相结合。

【素养】

培养学生细致周全、用制度进行管理的意识。

培养学生实事求是、严肃认真的工作态度。

任务一　求职信

任务情境

孙晨是××职业技术学院智能交通技术专业××级的一名大专生。毕业临近，他很想早日找到一份适合自己的工作。他通过报纸和网络浏览了大量的招聘信息，只要觉得单位与专业基本对口、待遇过得去，就直接发送求职材料。但他的求职材料全是一个版本，只是将企业和岗位名称替换了一下，完全没有针对性，因此，他投出的简历都石沉大海，没有一家公司找他面试。前段时间，他看到了某公司刊登在智联招聘上的一则招聘信息，非常想获得这份工作。在老师的指导下，他向那家公司投递了一份求职书。经过筛选，他获得了面试的机会。凭着扎实的基本功和良好的综合素质，他成功地被该公司录用了。

招聘启事

中兴智能交通股份有限公司根据工作需要，现公开招聘售前技术工程人员4名，具体要求如下：

岗位职责：

1. 配合销售团队进行市场拓展和公司产品、解决方案的推广工作；
2. 负责项目信息发掘、项目策划及跟踪工作；

3. 负责项目跟踪过程中的技术方案制作、技术标书制作及应标工作；
4. 负责客户沟通、技术宣讲和客户的技术引导工作；
5. 负责客户的技术培训工作。

任职要求：
1. 通信、计算机或交通规划相关专业，大专以上学历；
2. 具有较强的通信理论基础，熟悉交通行业相关技术为佳；
3. 从事过售前工作，具有市场推广工作或相关工作经验者优先；
4. 熟悉项目运作流程，具备较好的沟通能力、表达能力以及市场推广能力；
5. 能够承担一定的压力，适应出差。

应聘者可于20××年9月20日前通过电子邮件将求职者资料发送至公司邮箱，经招聘工作小组初审，通过者将参加面试，面试时间另行通知。

电子邮箱：zhongxingzhinengjiaotong@××.com

中兴智能交通股份有限公司
20××年9月1日

【思考】根据招聘启事的岗位要求，应该如何梳理信息，有重要程度的排序吗？知道了重要程度排序，又该呈现哪些内容？

1. 根据招聘启事的岗位要求梳理信息，填写下表。

项目		公司要求	个人情况	是否符合
基本情况	年龄			
	性别			
	外形			
教育背景	学历			
	专业			
	技能等级			
工作能力				
工作经验				
工作态度				

【小贴士】
针对岗位要求对个人情况进行梳理时请注意实事求是，不可凭空编造，既要谦虚也不可妄自菲薄，做一个诚实守信、内心强大的人。

2. 取舍、呈现信息。

对以上表格信息进行合理取舍，提取出孙晨求职信中需呈现的主要信息，安排求职信中信息呈现的逻辑顺序及详略，补充与岗位要求相关的信息。请结合前面梳理的内容，为孙晨写一封求职信。

任务指南

一、求职书的概念

求职书又名求职信、自荐信、应聘书，是个人向用人单位推荐自己，以谋求某种工作的专用书信。

写求职书的目的不是得到一份工作，而是获得一次面试的机会。求职书和个人简历一样，都是用来把自己当作一件商品推销出去的一种商业函件，招聘人只有在看了你的求职书和个人简历之后，才会决定是否让你参加面试。

二、求职书的特点

（一）竞争性

择人与择业的双向选择机制决定了求职行为本身就是一种竞争，从用人单位收到你的求职书开始，竞争就展开了。

（二）展示性

写求职书的目的是推销自己，为了给用人单位留下好的印象，求职者在写求职书时应充分展示自己的才能和以往的工作业绩，尤其要把自己与众不同的特征展示出来，以引起用人单位注意。

（三）简明性

写求职书主要是为自己争取面试的机会，使用人单位最终接受并录用自己。若求职书内容太多，面面俱到则容易淹没重点，因此要"文约而意丰"，千字左右即可。

三、求职书的写作格式

求职书的格式，一般包括标题、称谓、正文、祝颂语、落款及附言六个部分。

（一）标题

标题可直接标明文种"求职书""求职信""自荐信""应聘书"，位于首行居中位置。

（二）称谓

写单位名称或联系人、负责人姓名。在第一行顶格单独写，称呼后要用冒号，表示下面有话要说。求职书的称谓一般视具体情况而定，一般可称呼"××公司""××经理""××先生（女士）"等。有时，还可以在称谓前面加上表示尊敬的词语，如"尊敬的××"。

（三）正文

正文是求职书的主体也是求职书的重点，它一般包括以下几个部分：

1. 导语

(1) 问候语。问候语是对收信人礼貌的表示。写在称呼下一行，一定要空两格，用感叹号。一般写上"您好""近好"即可。如果收信方是某单位的话，可省略问候语。

(2) 信息的由来与要申请的职位。开头通常要说清写信的由来，因为求职者一般是看到哪里登的招聘广告或听到别人介绍后写的。求职书可以开门见山地写"本人求学期间就十分仰慕贵公司，近日看到《×××报》招聘×××一名，更激发起我到贵公司求职的渴望"。

如果不知道目标公司是否招聘新人时，你可以写一封自荐信去投石问路，如"久闻贵公司实力不凡，据悉贵公司欲开拓省外市场……故冒昧写信自荐，热切希望早日加入贵公司。我的基本情况如下……"

(3) 简介本人基本情况。主要介绍自己的姓名、年龄、就读的学校、所学专业及专业课成绩，尤其是与招聘单位对口或接近的专业课成绩。

2. 主体

求职者应根据应聘职位的要求写明自己的才能和特长，充分展示自己在专业知识、工作能力、技能特长、工作表现等方面的竞争优势。

(1) 重点介绍与招聘岗位对口或相关的专业背景和学习经历，说明自己能胜任招聘岗位工作的各种知识和技能。专业知识要分清主次，对于英语、专业等证书的情况也要一一说明。招聘单位最关心的是你有哪些专业知识、才能以及你可以为他们做什么。

(2) 介绍自己学习的深度及广度，包括与招聘岗位相关的社会实践和成绩（这一部分尽量用具体事例和数据说明，增强说服力）。这部分往往被求职者忽略，可恰恰是求职书的核心部分。招聘单位关心求职者在校期间及过去经历中做过什么或正在做什么，求职者应在具体事例中说明能胜任招聘岗位的各种能力。

(3) 适当展示自己的职业素质和特长。这一部分是对前一部分的延伸和补充，目的是使招聘单位能够更立体地了解求职者的工作潜力。对想要申请的职位，如果在竞争中处于劣势或者自身存在不足之处，必须在求职信中巧妙地化劣为优，在信中要表达自己对职位的理解，其效果远远胜过表达自己对职位的兴趣。还可概括介绍自己在校期间曾经担任的职务、个人爱好、特长等。对于兴趣爱好的介绍只需局限在那些与招聘岗位有关的范围内。

3. 结尾

(1) 提出希望和要求。感谢对方阅读并希望用人单位能予接纳，恳请对方给予回复等。求职信常用的结束语有"如蒙赐复，不胜感激""若认为本人条件尚可，请惠予面试，本人将准时赴试"等。

(2) 表达希望被录用的愿望。先说明自己对本工作的喜爱和迫切心情，再谈谈入职后的想法、打算或计划，增强招聘单位录用你的决心。

(四) 祝颂语

出于礼节，求职书的最后往往写上简短的表示敬意、祝愿之类的祝颂语。常用的有"此致敬礼""谨祝公司鹏程万里，事业发达"等。

（五）落款

在结尾的右下方写上求职者姓名，可以用"敬上"或"谨呈"等词以示礼貌和谦逊。姓名下面写日期，成文日期要年、月、日俱全。如用打印机打出，在求职者姓名处最好亲笔签名。

（六）附言

附言包括求职者的联系电话、电子邮箱、联系地址和邮政编码。此外，对求职者有用的材料，如简历、学历证、学位证、职称证、身份证、获奖证书、外语等级证书、计算机等级证书以及获奖证书的复印件等，可以附件形式发送。

四、求职书的写作模板

标题		求职书
称谓		尊敬的（职务）
正文	导语	写明问候语、个人简介及求职意图
	主体	1. 专业背景（知识与技能） 2. 实践经历（社会实践） 3. 职业素质和特长（个人素质）
	结尾	表明胜任该项工作的信心，恳请招聘方给予面试和工作机会
祝颂语		此致 敬礼
落款		求职者姓名 ××××年××月××日
附言		联系电话、电子邮箱、联系地址、邮政编码

五、求职书的写作要求

求职书是沟通的一种形式，可以反映出一个人的专业水平，能增加获得面试的机会。写求职书时应该从用人单位的角度考虑问题，通过分析招聘单位的要求来了解其需要，然后有针对性地向招聘单位提供自己的背景资料，使其发现自己的才干，并做出对自己有利的决定。写求职书时要注意以下几点：

（一）要有明确的求职意向

招聘者面对大量的求职资料，需要快速高效地锁定目标。为了迅速吸引招聘者的目光，求职书在开篇就要明确写出求职意向。因为求职意向是求职书的主题，是求职书的灵魂，所以求职书中的所有内容应围绕求职目标来写。如果没有明确的求职意向，求职书就没有针对性。

(二) 要善于扬长避短，突出自己的优势

俗话说"尺有所短，寸有所长"，每个人都有自己的优势和劣势。在写求职书时要讲究扬长避短，应根据招聘单位的情况及职位特点有针对性地展示自己的优势。例如，缺乏工作经验者可以突出自己的社会实践经历；成绩平平者可突出自己某方面的专长；性格内向者可突出自己勤奋、务实的特点与团队合作精神等优点。

(三) 要用事实说话，实事求是

写求职书时要善于用事实说话，不能空泛、笼统，应用成果和事实代替华而不实的修饰语，实事求是地介绍自己。如"成绩优异"可写成"大学三年所有课程的成绩都在90分以上""每年都获得三好学生"或"获得一等奖学金"等；"写作能力强"可写成"在××报刊上发表了×篇文章"；"组织能力强"可写成"策划组织了××活动，获得了××表彰"。

六、求职电子邮件

电子邮件是目前交换信息的重要平台，因其方便快捷，又能保存记录，在职场中运用得颇为广泛。电子邮件一般包括地址（收件人、抄送收件人、密送收件人地址）、主题、正文、附件等。电子邮件主体部分的撰写应与正规书信相同，包括称谓、导语、主体、祝颂语、落款等部分。发送求职电子邮件时，可按如下步骤进行：

(一) 第一步：准确填写收件人地址

收件人地址的填写需注意以下两点：

（1）地址准确无误。求职电子邮件一经发出，就无法收回，所以填写地址要细致准确，一定不要把地址填错。

（2）切勿"一稿多投"。切记不要把同一封邮件同时抄送几家招聘单位，这是非常不礼貌的行为，会让对方觉得你没有诚意。

(二) 第二步：提炼求职电子邮件的主题

求职电子邮件主题的拟写原则是：对应招聘信息，突出自身优势。

如果招聘单位对求职邮件主题有要求，一定严格按照要求写。若自拟主题，要注意以下三点：

（1）一般采用"应聘岗位+（对口专业+姓名）"的结构，如"应聘站务员（城市轨道交通运营管理专业袁刚）"。

（2）主题中可突出自身优势，吸引招聘单位的注意。如某单位招聘具有一定实践经验的会计人员，一名毕业生恰好在知名会计公司实习过半年，就可以在求职电子邮件的主题中附加"××公司半年实习经验""会计学专业"两个关键词，突出自己所具备的竞争优势。

（3）求职电子邮件的主题要言简意赅，不宜冗长，要让招聘单位一眼看到邮件的性质和基本信息，诸如"王先生收""李小姐收"之类的标题显然用意不明。

(三) 第三步：撰写求职电子邮件的正文

求职电子邮件的正文拟写原则是：内容一目了然，格式正确。

（1）求职电子邮件的正文一般包括求职书和求职简历两部分。求职书和求职简历一般以附件的方式发送，除非招聘单位有明确规定。因为一次招聘会之后，招聘单位的邮箱可能很快收到上百封邮件，招聘单位鲜有耐心和时间逐一打开，更不用说细看附件内容，有的单位甚至出于系统安全的考虑屏蔽掉附件，所以最好不要将求职书、求职简历插在附件中，而应放在邮件正文中，以确保招聘单位能够直接读到求职书和求职简历。

（2）求职书应该置于简历之前，条理清晰、重点突出；辅以必要的导语、过渡语，如"以下是我的个人简历，感谢您拨冗惠阅"之类语句，可以自然衔接各部分内容，使邮件明了通畅；重要信息可用不同颜色标注，使其更加醒目。

七、求职书的评价标准

项目	评分标准	分值	自评得分	互评得分
格式	文种类型选择正确，按照求职书的规范格式书写	20分		
内容	条理清晰，材料取舍合宜	20分		
	详略得当，信息呈现完整	20分		
	内容针对性强，重点内容翔实具体	20分		
语言	语言得体，言简意赅，不卑不亢，实事求是	20分		
	总分	100分		

【小贴士】
职业文书"求职书"的写作，要求材料实事求是、文风求真务实、内容详略得当。请结合评价标准如实填写自评结果。

例文赏析

【例文1】

求职信

尊敬的领导：

您好！我叫韩艺，毕业于××市职业技术学院动漫设计专业。衷心地感谢您能在百忙之中浏览我的求职信。我通过20××年××市大学毕业生招聘会了解到贵公司的招聘信息，拟应聘平面设计的职位。

在校期间，我以优异的成绩修完了各项专业课程，在认真练习美术基本功的同时也不断增强自己的计算机操作能力，并考取了全国计算机等级考试一级证书。三年的大专生活不仅丰富了我的知识，而且提高了我的实践操作能力，这都是一名技能型人才应具备的素质。

在校期间，我除了认真学习专业课程之外，还积极地参加班级和学校的各类活动。通过不断地实践积累，我的人际交往能力和团队协作能力有了很大的提高。

通过校内学习和校外实践，我能熟练地使用 Photoshop、AI、DW 等专业设计软件。能熟练地进行平面广告设计制作与图文处理。

20××年2月至6月，我曾在盛美广告公司实习，配合团队出色地完成了雅致纸巾的装帧设计、伟鹏餐厅的 Logo 设计，得到了领导的一致认可。我有高度的责任心、细致严谨的工作态度，在工作中我认真地对待每一项任务，并能够较快地融入团队。

作为一名大专生，虽然我在学历上没有优势，但通过几年的专业学习和实习实践，我对自己的专业技能非常有信心，而且我有拼搏进取的精神。希望贵公司可以给我一个贡献自己力量的机会，我一定会虚心学习，尽快适应岗位要求，我会以饱满的热情、专业的态度、良好的学习能力，真诚地与同事合作，为贵公司的发展贡献出自己的力量。期待您的佳音！

祝贵公司事业蒸蒸日上！

此致

敬礼！

韩艺
20××年7月3日

联系电话：×××××××××××

电子邮箱：hanyi@××××.com

联系地址：××省××市××区××街××号

邮政编码：××××××

【例文1分析】

该求职信虽言辞平实朴素，但写出了一名刚刚毕业的求职者诚挚的求职态度。该求职信能全面展示求职者的自我认识，求职者不仅向招聘方重点介绍了自己的实践操作能力和宝贵的实习经验，而且突出了不断自我完善的上进心态，这难能可贵。

【例文2】▶▶▶>>>

自荐信

尊敬的领导：

您好！

非常感谢您在百忙之中抽出时间看我的求职材料。我今年22岁，男，现在是××大学通信工程学院电子系仪器仪表检测专业的一名学生，希望借毕业自主择业的机会，选择一个满意的单位。

在大学四年生活中，我学习刻苦努力，成绩优异，先后五次获得一等奖学金（详情请见附件各科成绩表和获奖证书复印件）。此外，我对计算机进行了较为系统的学习，主修了计算机文化基础、计算机软件基础、计算机硬件基础、计算机接口技术、计算机控制技术，并自学了 C 语言和 Office 办公软件，已经通过了计算机国家三级考试。英语是当代青年必须掌握的技能，我在大学期间已经通过了大学英语六级考试。

我深深地懂得，学好专业是一回事，而做到学以致用又是另一回事，因此在学习理论知识之余，我也注重实践能力的培养。大一时我就加入了校电子科技协会。自大二起，我就在实验室帮助老师准备各种实验，经常参与实验室仪器的维护，动手能力和实验能力都比较强，能开发单片机系统，熟悉 DSP 硬件及软件应用。另外，在大学期间，我先后担任班长、学生会主席等职务，因此具有一定的社会活动能力和独立工作能力。我本人也被评为"优秀学生干部"。

尊敬的领导，机遇对一个年轻人来说是多么的重要，我真诚渴望您能给我一个学习、锻炼的机会。或许我不是令您最满意的，但我相信，依靠努力，我将成为最合适的！

此致

敬礼！

自荐人：××
××××年××月××日

地址：×××××××

电话：××××××××××

电子邮箱：×××××××

附件（略）

【例文 2 分析】

这是一封自荐信。正文导言谦逊有礼。主体分为三部分：第一部分介绍自己的学业情况，说明自己已获得的证书及相关能力；第二部分分类列出自己的实践能力；第三部分再次诚恳地表达自己求职的愿望及决心。全文重点突出，通过充分列举具体事例展示自我，内容翔实，语言表述不卑不亢。

【例文 3】

求职书

尊敬的领导：

您好！

当我通过学校就业协会上看到贵公司的招聘启事时，心里万分欣喜，今天特向您毛遂自荐，应聘贵公司外业测量员的职位。

我是××交通职业技术学院工程测量技术专业的一名大专生，现在是一名大二学生，大三即将要找单位实习，在大一和大二的学习中先后两次荣获丙等学习优秀奖，在 2019 年院级举行的工程测量技能大比武中荣获三等奖。我曾在大一志愿者协会中担任志愿者，在这一职务中我了解到要想做好每一件事，需要认真和负责，这就和测量一样，需要真实、有效。我发现书本上的知识毕竟有限，还需要我去实践。在日常学习生活中我不仅完成了学习任务，还热爱运动，喜欢去旅游和爬山，我还喜欢交朋友。在校期间我连续担任测量方面的小组长，在此过程中我锻炼了自己的组织能力和领导分配能力，我相信自己能够及时有效地将其运用到今后的工作中。

我在相关资料中发现贵公司的工作地点在山区和南方地区，我已经做好去吃苦的准备了，因为我们的专业也是面向工程类的，所以请您不用担心。我们在大一的6月份太白山数字化测图实训中，学到了如何正确有效地展开导线的布设和测量、高程必须偶数上站、使用电脑进行挖填方计算、使用CASS进行地形图的绘制。在这为期三周的实训中我了解到要展开一项测量工作，不仅需要过硬的专业知识，而且需要小组成员的齐心协力。

　　我们还在大二的12月份进行了控制测量实训，我们先后开展了GNSS静态网布设和测量及平差，不仅进行了一级导线的布设和测量、二等水准的布设和测量，我们还进行南方平差易2005的熟练使用。这个实训是在冬天，也考验了我们面对严寒的能力，我们小组一直坚持到最后，取得了一个"优秀"的好成绩。加油！无论遇到什么困难我都要迎难而上。

　　希望您能给我一次见面的机会，我期待您的答复。

　　此致

敬礼！

求职人：×××
2020年3月29日

　　联系地址：××××××××××
　　邮编：×××××××
　　联系电话：××××××××××
　　联系人：×××

【例文3分析】

　　该求职书开门见山，先表明求职岗位，再简要陈述求职条件与缘由，在内容上突出应聘岗位针对性，围绕应聘岗位展示自己的校内实践经历、职业技能与获奖情况。全文内容简洁清晰、言之有物。

拓展资源/学习资源

求职信的写作

任务二　个人简历

任务情境

　　华××是××工程学院测控技术与仪器专业的一名大四学生，他想寻求一份电子商务工作，为此他制作了多个版本的简历。

按照求职方向，华××把简历分成互联网、汽车、软件开发、电子硬件、销售和机械工程6个基础版本。"我的简历是按照行业来分的，"华××说，"根据不同公司的要求，我又在相应版本的基础上进行了修改，目前已经有了12个修改版本。"

华××介绍，在校期间，他创建了两个网站，其中一个是网店，主要经营陨石收藏品；另一个网站主要用于连载自己的小说。同时，他还拥有两项国家专利。此外，他还参加了重庆大学生科研训练计划项目，到长安汽车公司、重庆川仪自动化股份有限公司、天津中环系统工程公司实习。

"12个版本的简历，就是针对不同的行业来突出我的不同能力。"华××说。如果申请的职位在互联网行业，他就会突出他创建两个网站的经历；如果应聘汽车类职位，就会突出他在长安汽车公司实习的经历；如果应聘电子硬件类职位，则会突出他的两项专利；如果应聘机械工程类职位，就会突出他在川仪的实习经历。

华××的不同版本简历都只有一页，除了学校、专业、联系方式等必要信息，主要分为四大板块：一是项目经验，二是实习经历，三是校园活动，四是相关能力。

在他的汽车类版本的简历中，项目经验共列出了三项，重点突出了参与中国汽车技术研究中心新址安防系统的经验；在实习经历中，他把在长安公司的实习经历写在了明显位置；在相关能力中，他特意写到"熟悉汽车基本知识，熟悉汽车行业的众多品牌文化，了解汽车行业市场"。

华××说，他刚开始找工作时，只做了一份简单的简历，投了30多份却没有一点回音。"难道是我的简历有问题吗？"华××自问。后来，他针对不同行业做了不同版本的简历，把与行业相关的经历重点突出出来，陆续收到了10多家单位的面试通知。

【思考】个人简历是要面面俱到还是要有很强的针对性？怎样写好一份个人简历？简历的格式规范是怎样的？写简历时应注意哪些情况？

任务指南

一、个人简历的概念

个人简历是个人向有关单位或部门负责人有选择、有重点地介绍自己的生活经历、学历、工作经历时所使用的一种专用文体。

二、个人简历的特点

（一）针对性

不同用人单位、不同职位有不同要求，求职者应事先进行针对性的分析，突出自己的优势，表现自己的个性。

（二）简明性

个人简历应该言简意赅，让人一目了然。

（三）艺术性

个人简历的版面设计应该美观大方、整洁清晰，便于阅读。

三、个人简历的分类

根据写作内容侧重点的不同，可将个人简历分为以下几种：

（一）以工作经历为主要内容编写的个人简历

这类简历以时间为顺序介绍工作经历，适合工作经历丰富者使用。如单位聘请培训师，要求培训师提供个人简历时，一般在简要介绍个人基本信息后，求职者要以时间为顺序着重介绍培训工作经历。

（二）以所学专业为主要内容编写的个人简历

这类简历围绕所学专业，强调的是个人的专业技能。这类简历内容全面，可分几个模块介绍个人的学习经历、实践经历、能力特长、获奖情况、自我评价等，适合应届毕业生使用。

（三）以工作业绩为主要内容编写的个人简历

这类简历强调的是个人在以前的工作中取得过什么成就、业绩，适合竞聘上岗时介绍自己的工作业绩时使用。

四、个人简历的写作格式

个人简历包括标题和正文两部分。

（一）标题

标题"个人简历"写在第一行，位置居中。有的简历有针对性，可在简历名称前加上工作内容，如"市场营销工作简历"，也可在简历名称前加上岗位名称，如"工程造价师个人简历"。

（二）正文

正文一般包括个人基本信息和求职信息，求职信息主要包括求职意向（应聘岗位）、教育背景（学习经历）、工作经历（实习经历）、技能特长、自我评价等。

1. 个人基本信息

个人基本信息包括姓名、性别、出生年月、籍贯、政治面貌、婚姻状况、身体状况、求职意向、联系方式等。联系方式既要写明个人的通信地址、邮编，也要写明电话联系方式,还要写明电子邮箱地址。

2. 求职信息

求职信息的呈现应根据自身条件和求职岗位要求,按正确的顺序排列。应届毕业生简历一般按照如下次序呈现求职信息:求职意向(应聘岗位)、教育背景(学习经历)、技能等级、工作经历(实习经历)、所获奖励、自我评价等。

(1)学习经历。包括毕业学校、所学专业、毕业时间、获得的毕业证书和学位证书、主修课程等。学习经历对于学生简历来说是排第一位的重要信息。时间要倒序,最近、最高的学历要放在最前面,高职学生通常写到高中即可。重要的学习经历可以列上主要的、有特色的专业课程及成绩,有针对性地体现与所谋求的职位有关的教育科目、专业知识,便于招聘单位衡量求职者的学历、知识结构是否与其招聘条件相吻合。

(2)工作经历和实践经历。这部分的介绍应以时间为顺序。应届毕业生既可介绍在校期间从事的班级、学生会、团委、社团、志愿工作等经历,也可介绍在校外从事的社会实践、实习工作等经历。参与社会实践和实习工作结束后,可请用人单位出具证明,证明自己从事的工作内容和工作表现,这些证明材料可以附在最后。

(3)技能特长。既可以介绍专业技能特长,也可以介绍外语、计算机、艺术等方面的技能特长。

(4)获奖情况。既包括获得的优秀学生、优秀学生干部、优秀团员、奖学金等方面的荣誉证书,也包括参加各类比赛获得的荣誉证书。

(5)自我评价。这部分的内容,需要根据求职意向,客观、公正地评价自己的工作态度、工作理念、工作能力等。

个人简历可以用表格的形式,也可以用条文的形式进行写作(参见例文赏析)。无论采用什么形式,都要求层次清楚、重点突出。

五、个人简历的写作要求

(一)实事求是

撰写个人简历既不能夸张(自负),也不能消极地评价自己(过分谦虚),更不能编造。简历一定要用心设计,内容要真实。有些个人简历一看就知道是抄袭他人的,有些甚至是明显的张冠李戴,这样的简历是无法给求职者争取到面试机会的。

(二)简洁清晰

简洁的个人简历使阅读者在看到内容之前就已产生了好感,这样才能使读者产生阅读兴趣。个人简历应一目了然,确保阅读者一眼就能看到他们需要的信息;要使用简单、清晰易懂的语言,而不要写一些高深莫测的语言;尽量不使用缩略语或学生中流行的时髦词汇;打印时应选择合适的字体和字号。

个人简历不要太长,一般应届毕业生的个人简历有一页A4纸即可。个人简历中不要出现大段文字。据调查,招聘者花在每份简历上的时间平均不到30秒,要想在这短短的30

秒内迅速抓住招聘者的眼球,简历不做到短小精悍是不行的。

(三) 经历翔实

一般来说,招聘单位非常看重求职者的学习经历和工作经历,在写作个人简历时,要简要描述学习、实践或工作经历,让招聘单位了解你学习了什么、有哪些实践经历和工作经历、收获了什么、有哪些成果等。例如,某应届毕业生曾在××公司实习,可以简要描述实习经历,如"20××年×月至×月在××工地现场进行实习,掌握了经纬仪在工地上的应用、混凝土试块的检验、钢筋的绑扎、配筋图实践及运用、施工签证的办理等工作"。又如,"20××年×月在某实训基地参加了三周实训,参与了导线一级平面控制、四等水准测量、坐标放样等基本操作,熟练地掌握了水准仪、全站仪等仪器的操作及相关计算;在小组中担任组长并完成了最终绘制计算任务,小组成绩优良。通过实训,提高了人际沟通、解决问题、承担压力等能力,锻炼了管理和指导团队成员协同工作的能力。"

(四) 校对文字,美化排版

个人简历完成后,要仔细检查是否有文字错误或者信息不准确的地方,以免因此造成不必要的遗憾;还要注意美化个人简历的排版,做到美观大方、一目了然。除特殊工种(如艺术类工作)外,一般的个人简历不宜做得太花哨,应做到排版规范、条理清晰、简洁明快,阅读舒适度高。个人简历的排版不仅会影响到招聘单位接收信息的效率,而且体现了求职者的求职态度和工作作风。

六、个人简历的评价标准

个人简历的评价标准

项目	评分标准	分值	自评得分	互评得分
格式	文种类型选择正确,按照个人简历的规范格式书写	20分		
内容	条理清晰,材料取舍合宜	20分		
	详略得当,信息呈现正确无遗漏	20分		
	内容针对性强,无多余内容	20分		
语言	语言得体,言简意赅,简洁准确	20分		
总分		100分		

【小贴士】

职业文书"个人简历"的写作,除了要求材料实事求是、格式规范、内容详略得当,合适的排版也能体现求职者的求职态度和工作作风。请结合评价标准如实填写自评结果。

例文赏析

【例文1】

个人简历

姓名		性别		学历	
民族		健康状况		政治面貌	
籍贯		专业名称		出生年月	
毕业院校				毕业时间	
联系方式				电子邮箱	
求职意向	酒店大堂服务				
教育背景	20××年9月—20××年7月　　××省职业技术学院 20××年9月—20××年7月　　××高级中学 20××年9月—20××年7月　　××中心中学				
主修课程	酒店管理概况、客房服务与管理、前厅服务与管理、餐饮服务与管理、酒店沟通技巧、形体训练、礼仪、公共关系、酒店英语、酒店营销、旅游概论、酒店设备常识、酒店装潢与布置、会展设计艺术				
专业技能	20××年获得餐饮服务员高级证书； 20××年获得普通话二级甲等证书； 20××年获得高等学校英语应用能力考试A级证书； 20××年获得国家计算机等级二级证书				
获奖情况	20××年被评为校优秀团员； 20××年获得校乙等奖学金； 20××年12月荣获××省CAD技能竞赛计算机组三等奖； 20××年获得全国高等职业学校技能大赛餐饮服务技能二等奖； 20××年获得"金星杯"街舞大赛个人二等奖				
实践经历	20××年10月—20××年4月，在××市富丽华大酒店实习。工作认真细致，虚心学习，与同事合作默契。在与宾客沟通方面，发挥了自己亲和力强的特点，充分运用了专业知识，举止规范，彬彬有礼，考虑周到，赢得了宾客的好评； 20××年4月，参加了校内实训，实践了点菜、上菜、摆台等服务技能； 20××年7月—20××年8月，在乐天超市做码货员，工作认真负责				
自我鉴定	为人正直真诚； 办事灵活； 沟通能力强				

【例文1分析】

　　该个人简历采用表格式结构，信息完整准确，逻辑清晰严密，语言规范简洁，排版舒朗有致，使招聘方对求职者的信息一目了然，是一篇规范的求职简历。

【例文2】

个人简历

基本信息

姓名：王芳　性别：女　出生年月：2000年7月
毕业院校：××交通职业技术学院　　专业：智能交通技术运用
联系电话：×××××××　　手机号：13900791×××
联系地址：××省××大学东区4栋203　　邮编：××××××

教育情况

20××.9—20××.7 智能交通技术运用　陕西××学院　排名：(3/100)
主修课程：嵌入式系统、公路监控技术应用、电工与电子技术基础、计算机网络基础、计算机应用基础、AutoCAD、SQL Server

20××.9—20××.7 ××高级中学

工作经历

20××.9—20××.1 软件测试工程师　××科技有限公司

在××健康集团（官网）协助项目经理进行软件执行测试样例的资料整理和分析；发现并提出测试的功能问题并撰写项目报告。全面了解了软件测试样例的操作流程，提高了人际理解、沟通和解决问题能力。

20××.7 参加××省第×届"××"大学生网络安全知识竞赛

历时1个月的竞赛，最终获得团体三等奖，此次活动提高了沟通及应变能力，培养了团队协作能力。

20××.9—20××.1 参加CAD制图、电工等校内专业实践活动

在实践小组中担任组长，在专业软件知识及工具方面有了实操经验，锻炼了解决实际问题的能力，提高了动手能力。

校园经历

20××—20××运动会期间积极担任校志愿者

维持会场秩序，协助裁判员检录运动员，提高了组织沟通能力。

20××—20×××信息学院学习文化部委员

增强了组织协调和沟通能力。

所获荣誉

20××.6 获××信息学院优秀干部
20××.1 获××社会工作奖学金
20××.7 荣获校"笔下生辉写意未来"写作大赛优秀奖
20××.7 荣获××省第×届"××杯"中国"互联网+"大学生创新创业大赛××赛区银奖

(团体)

20××—20××连续两年获校三好学生

个人技能

能熟练操作 Office 办公软件；

能够使用 CAD 制图软件；

20××年取得英语 A 级证书；

20××年考取电工证。

自我评价

为人和善，性格沉稳；

优秀的思维、沟通和学习能力；

良好的团队协作能力和团队管理能力。

【例文 2 分析】

该简历采用条文式结构，逻辑清晰，重点突出，将丰富的工作经历放在前面，教育经历也突出了与岗位相关的专业背景，相信这份简历定会受到招聘者的青睐。

【例文 3】

个人简历

基本信息

姓名：×××　性别：男　　民族：汉族　　出生年月：2002.05.01

毕业院校：××交通职业技术学院　　专业：道路桥梁检测技术

联系电话：×××××××　　　　　　手机号：13900791×××

联系地址：××省××市未央区文景路 19 号

求职意向

助理工程师

教育背景

2020.10—2023.07 就读于××交通职业技术学院道路桥梁检测技术专业

主修课程：工程测量、工程地质、道路建筑材料、钢筋混凝土施工技术、地基与基础工程、公路测设技术、道路工程技术、桥梁工程技术、公路组织与概预算、路基路面检测技术等。

实习经历

2021.04—2021.05 在××实训基地进行了为期三周的测量实训。

在实训期间，担任小组组长，带领全组人员进行路勘选点、测量角度、坐标放样、绘制地形图以及相关计算，圆满完成了测量任务。通过实训，提高了沟通交流能力，加深了专业知识，锻炼了团队协作能力。

2021.07—2021.08 在校实训楼进行了三周的试验实训。

在实训期间，担任组长一职，小组进行了砂的筛分试验、土的含水率测定、混凝土抗折抗弯坍落度试验、沥青的软化点稠度试验、灌砂法测定土的密度、CAD 的识图与绘图等路面路基相关试验检测项目,小组认真试验,积极完成各项试验任务。其间因对同一试验出现的不同结果进行的多次试验得到了老师表扬,最终试验实训取得"优秀"等级。

荣誉奖励

2020—2021学年第一学期获得丙等奖学金；

2020—2021学年第二学期获得甲等奖学金、国家励志奖学金；

2020—2021学年第二学期获院级三好学生；

2021—2022学年参加施工现场三维布置大赛,荣获三等奖；

2021—2022学年参加校级无损检测大赛、BIM大赛,取得优异成绩；

2021—2022学年参加全国大学生数学建模比赛,荣获省级一等奖（团体）。

自我评价

工作积极主动、认真踏实,有强烈的责任心和团队精神,有较强的学习能力。工作上吃苦耐劳、敢于创新、不循规蹈矩、思维敏捷、头脑灵活、有一定的应变能力,能很快地适应新事物。生活中待人诚恳、乐于助人、乐观、重信誉,能和周围的人融洽相处。

【例文3分析】

这是一篇条文式的个人简历。首先,个人简历的主要项目齐全而且安排得当；其次,能根据自己的求职意向,有针对性地介绍本人的实习经历及获得的荣誉,通过详细列举在校参加的实践活动以及获得的荣誉向招聘单位展示了个人特点及竞争优势。相信凭借这份个人简历他可以找到一份理想的工作。

拓展资源/学习资源

简历的写作（上）

简历的写作（中）

简历的写作（下）

任务三 介绍信 证明信

介 绍 信

任务情境

吴磊已经工作了两年,并小有成就。但是他的住所离公司较远,为解决每日舟车劳顿之苦,他决定买一辆汽车代步。他来到一家汽车4S店,选中了一辆价格为10万元的车。在确定支付方式时,4S店的销售顾问表示可以为其提供银行贷款。吴磊大喜,遂向其询问如何办理贷款手续。工作人员表示,除需要个人相关证件外,还需要单位开具收入证明。

【思考】通常在哪些情况下需要开具证明信？开具证明信时需要注意什么？

任务指南

一、介绍信的概念

介绍信是信函的一种，具有介绍和证明的双重作用。它是机关团体、企事业单位派本单位人员前往有关部门商洽事情、联系工作或者参观学习、出席会议时所使用的一种专用书信。持信人可凭介绍信同有关机构或个人联系，商洽某些事项，并得到对方的信任和支持；收信机构和个人则可从中了解来人的姓名、身份、政治面貌以及要办什么事情、有什么具体要求和希望等。

二、介绍信的分类

介绍信一般分为书信式介绍信和印刷式介绍信两种。

（一）书信式介绍信

书信式介绍信是一种比较常见的介绍信，一般采用公文信纸书写或书写在机关、团体、单位自制的信笺上，最后只要加盖公章即可。

（二）印刷式介绍信

这是一种正式的介绍信，使用者只需按内容格式填写姓名、单位，另加盖公章即可。

三、介绍信的写作格式

介绍信通常由标题、称谓、正文、结尾、落款和有效时间构成。

（一）标题

第一行居中写"介绍信"三个字，字距要适度，字体要比正文稍大些。

（二）称谓

标题下一行顶格写对方单位名称或对方负责人的姓名及称谓，后面加冒号。

（三）正文

称谓下另起一行空两格写介绍信的内容。介绍信的开头惯用"兹""今""现"等字。正文主要说明被介绍人的姓名、身份、人数以及要接洽的事情和要求。如要办理重要事项或带保密性的事项，还要写明被介绍人的政治面貌、年龄、职务、级别等。另外，当被介绍人数较多时不必将姓名一一写出，可写成"×××等×（数字要大写）人"。

（四）结尾

在正文末尾写上"请接洽为荷""请予以协助"等。另起一行写上"此致敬礼"等表示敬意或祝愿的话。

（五）落款

写清楚介绍单位名称和成文日期，并加盖公章。

（六）有效时间

落款下一行左侧顶格加括号注明介绍信有效时间，天数要用汉字大写数字。

四、介绍信的写作模板

标题	介绍信
称谓	尊敬的××
正文	说明被介绍人的姓名、身份、人数以及写清楚要接洽的事情和要求
结尾	写上表示敬意的结束语，如"请予以协助"
落款	介绍单位名称 ××××年××月××日
有效时间	（有效期×天）

五、介绍信的写作要求

（1）真实可靠。填写被介绍人情况时要填写真实姓名、身份，不得虚假编造、冒名顶替。

（2）简明扼要。所接洽办理的事项要写清楚，与此无关的不要写。

（3）保证有效性。介绍信务必加盖公章，以免造成不必要的麻烦。查看介绍信时，也要核对公章和介绍信的有效期限。

（4）有存根的介绍信，存根联和正式联的内容要完全一致。存根底稿要妥善保存，以备今后查考。

（5）介绍信书写要工整，不得涂改。有涂改的地方可加盖公章，否则此介绍信将被视为无效。

介绍信（存根）	介绍信
××字第××号	××字第××号
××等×人，前往××××联系×××××。 此致 敬礼！ ×××（盖章） ××××年××月××日	_____： 兹介绍××等×名同志，前往贵处联系×××××，请接洽。 此致 敬礼！ ×××（盖章） ××××年××月××日

六、介绍信的评价标准

项目	评分标准	分值	自评得分	互评得分
格式	文种类型选择正确，按照介绍信的规范格式书写	20分		
内容	条理清晰，事项明确	30分		
	要点齐全，写作规范	30分		
语言	语言平实，言简意赅，实事求是	20分		
	总分	100分		

例文赏析

【例文1】

毕业实习介绍信

××市××公司：

　　您好！

　　兹介绍我校王芳等五位同学前往贵公司联系毕业实习事宜，请接洽。

　　毕业实习是我院教学工作的重要环节，是学生适应工作的有效途径，是提高人才培养质量的重要举措，是向社会提供人才的有效窗口。为此，学院高度重视毕业生实习工作，同时也诚恳地希望贵单位给予大力支持和协助，积极为学生提供实习场所，要求学生努力为单位服务，切实圆满完成学生的实习任务，提高人才核心竞争力。在此，对贵单位为培养人才所做的重要贡献和对教育事业的大力支持，表示最衷心的感谢！

　　在学生的毕业实习中，请按照贵单位规章制度的要求，对学生严格教育管理，并在实习结束时对学生的实习情况给予鉴定，谢谢贵单位的合作。

××××学院
××××年××月××日

【例文1分析】

　　这是一封格式标准的书信式介绍信。介绍信正文以惯用"兹"开头，说明了被介绍人的姓名、身份、人数以及要接洽的事情和要求，事项表述简明扼要。

【例文2】

社会实践介绍信

尊敬的××：

　　您好！

　　参加社会实践活动是在校大学生理论联系实际，在实践中成长的有效途径。根据团省委的指示精神，我院每年都组织大学生利用假期通过各种形式参加社会实践活动，兹介绍我院××级××专业××同学在2020—2021学年度暑假期间到贵单位进行社会实践活动，请给予大力支持！

  此致

敬礼！

×××学院
××××年××月××日

证 明 信

任务指南

一、证明信的概念

  证明信又称证明，是党政机关、社会团体、企事业单位或个人用来证明有关人员的身份、经历、表现、学历或者其他事情的真实性所写的一种专用书信。证明信对了解和考察有关人员和事件的真实情况有着重要的证明和参考作用。

二、证明信的分类

  从证明事项上分，证明信有身份证明信、毕业证明信、事件真相证明信等，其中不同事项的证明信又可分为组织证明信、个人证明信与随身携带证明信三类。

（一）组织证明信

  组织证明信是指以组织名义写的，用来证明在本单位或曾在本单位工作的职工的政治、身世、经历、学历、工作表现等有关情况或与本单位有关的其他事件的证明信。

（二）个人证明信

  个人证明信是指以个人名义写的，用来证明某人或某事真实情况的证明信。

（三）随身携带证明信

  随身携带证明信是指一种由被证明人随身携带，以保证其工作、生活、学习、旅行等正常进行的证明信。这种证明信具有证件作用，一般有一定的有效期，过期即自动失效。

三、证明信的写作格式

  证明信通常由标题、称谓、正文、结尾和落款构成。

（一）标题

证明信的标题有两种：一种是在第一行居中写上"证明信""证明"等字样；另一种由事由加文种组成，如"关于吴磊同志身体状况的证明"。

（二）称谓

标题下一行顶格写收信单位或收信个人的名称，后面加冒号。若没有明确的收信方，称谓可以省略。

（三）正文

称谓下一行空两格，简明扼要地写清楚要证明的事项，包括被证明人的姓名、身份、经历，或者事情的起因、事情的经过和真实的情况等，注意用词准确，针对性强，其他无关的不要写。

（四）结尾

正文下另起一行空两格写"特此证明"或"此致敬礼"。

（五）落款

在正文的右下方写上出示证明的单位名称和个人姓名，署名下方写成文日期，并加盖公章。有时还需在落款左下方顶格加小括号注明有效期。

四、证明信的写作模板

标题	证明
称谓	尊敬的××
正文	写清楚要证明的事项
结尾	写"特此证明"或"此致敬礼"
落款	出示证明的单位名称或个人姓名 ××××年××月××日

五、证明信的写作注意事项

（1）证明信的语言要简明、准确，讲究分寸。

（2）不得随意涂改，若有涂改要加盖公章。

（3）要做到言之有据、实事求是，不得虚构、夸张或故意隐瞒。如对事实把握不大，则应写上"仅供参考"字样。

六、证明信的评价标准

项目	评分标准	分值	自评得分	互评得分
格式	文种类型选择正确，按照证明信的规范格式书写	20 分		
内容	条理清晰，事项明确	30 分		
	要点齐全，写作规范	30 分		
语言	语言平实，言简意赅，实事求是	20 分		
	总分	100 分		

【小贴士】

　　职业文书"证明信"的写作，要求材料要点齐全、格式规范、条理清晰。证明信的写作可以培养我们依法办事，用制度进行管理的意识。请结合评价标准如实填写自评结果。

例文赏析

【例文 1】>>>>

证明信

××市旅游公司：

　　你公司××同志，2018 年 9 月至 2021 年 6 月曾在我院经管学院酒店管理专业学习，在校期间学习刻苦，工作积极，曾在院学生会担任学习会干部，工作能力较强，连续三年被评为"三好学生"。

　　特此证明。

××省旅游学院（公章）
2021 年 10 月 30 日

【例文 2】>>>>

证明信

××日报社：

　　贵报 20×× 年 8 月 9 日第一版《寻访"8·7"交通肇事目击者》一文我已看到，我就是当时目睹大卡车肇事和赵琴女士（此前我并不知道她的名字叫赵琴）热心救人的"绿衣人"，现将我当时目睹的情况证明如下：

　　20×× 年 8 月 7 日晚 11 时，天正下着雨，我披一件绿色雨衣（雨衣是一位外国朋友送的，国内没有生产，所以特别醒目）从朋友处回家，我当时由南向北在福安路上走，行至×

×银行门口时,一个中年妇女站在屋檐下向我招呼,并用东北口音问我附近有没有柜员机。我俩正说着话,一辆大卡车从北向南飞快地开过来,随后只听到一声怪异的急刹车声,我们回过身,发现那辆车在离我们大约20米处撞倒了什么东西,在我们急忙赶过去的时候,那辆大卡车已经匆匆发动起来开走了(我留意到车牌号码的尾数好像是"37"),我们过去一看,路上躺着一位老人,身边有一辆手推车已被汽车轧烂了。此时正好有一辆出租车过来,赵琴女士就招呼我一起将那个老人扶到车上。我因为要赶回家收拾行李,准备第二天一早飞往加拿大出差,心里很急,又看看老人没有什么生命危险,就拿出200元钱交给赵琴女士,随后就自己回家了,万没料到赵琴女士因此而蒙冤含屈。

××日报社,我因业务忙碌,近期又将飞往加拿大,谨以此信证明:

一、"8.7"交通肇事案的肇事者是某大卡车司机,车牌号码尾数大概是"37"。

二、在此案件中,赵琴女士是一个热心救人的好人。

请贵报代我向赵女士致以崇高的敬意,如有必要,我愿出庭作证。

特此证明。

刘××
××××年××月××日

(资料来源:白文勇. 新编应用文写作[M]. 上海:上海交通大学出版社,2020)

【例文2分析】

这是一封个人证明信。交通事故的目击者在信中详细阐述了事情的起因、经过和相关情况,有力地证明了蒙冤含屈的赵女士实为热心助人者。

【小贴士】

营造见义勇为的社会氛围,建设人人有责、人人尽责、人人享有的社会治理共同体是每一个公民的责任。

项目五　事务文书

学习目标

【知识】

掌握计划、总结、述职报告以及调查报告的概念、特点和写作格式。

【能力】

具备根据任务材料写作计划、总结、述职报告以及调查报告的能力。要求格式规范、内容完整。

【素养】

培养学生科学理性、持之以恒、严于律己的品质，学会科学规划人生并树立积极进取的人生态度。

任务一　计划

任务情境

《礼记·中庸》有言"凡事预则立，不预则废"，是说不论做什么事，事先有计划有准备，就能得到成功，不然就会失败。小黄大学毕业后，应聘到了一家世界500强的公司任销售职员，入职后第一天的早会上，销售主管要求每位新人写一份半年试用期内的工作计划，小黄很珍惜这个给领导留下好印象的机会，他该如何写工作计划呢？

【思考】合理的计划能够帮助大家明确工作目标，合理分配资源，高效完成工作，古语云"善谋者胜，谋定而后动"。一旦有了明确的目标就应该锐意进取、攻坚克难、风雨无阻地向前行，义无反顾的达成目标。

任务指南

一、计划的概念

计划是党政机关、社会团体、企事业单位和个人，为了实现某项目标或完成某项任务而作出的预想性安排。计划是计划类文书的统称，在实践中因涉及内容和期限的不同，故有许多不同叫法。

（一）设想

设想是对长远工作制订的粗线条的、草案性的计划，如《××市拓宽就业安置门路的设想》。

（二）规划

规划是具有全局性的、轮廓式的长远计划，如《中华人民共和国国民经济和社会发展第十四个五年规划》。

（三）打算

打算是短期内工作的要点式计划，如《××公司关于争创 2022 年度××市先进单位的打算》。

（四）安排

安排是短期内对工作进行具体布置的计划，如《××学院关于 2021—2022 学年第二学期期末考试监考人员的安排》。

（五）要点

要点是列出工作主要目标的计划，如《××单位 2022 年工作要点》。

（六）方案

方案是从目的、要求、工作方式方法到工作步骤对专项工作作出全面部署与安排的计划，如《××产品 2022 年营销方案》。

计划的制订，需要事先调研，拟订时要实事求是，具有科学性和可行性。计划一旦制订，则对执行者具有一定的指导性和约束力，要求所涉及范围内的人要切实执行。

二、计划的特点

（一）预想性

计划要回答的是未来要做什么、怎么做的问题，它先于实践活动，必须对未来工作中可能发生的问题有充分的估计，并提出科学的、切实可行的方案。

（二）约束性

计划是行动的纲领、实践的依据，具有一定的约束力。

（三）指导性

计划一经制订，就要对完成任务的实际活动起到指导作用。工作的开展、时间的安排等，都必须按计划严格执行。

（四）可调整性

任何计划都不是一成不变的，它受实践检验，要根据千变万化的客观情况及时调整，使之切实可行。

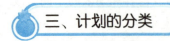

三、计划的分类

计划按照不同的角度，可以分为不同的种类。

分类的角度	计划的种类
按内容分	生产计划、工作计划、学习计划、科研计划等
按范围分	国家计划、单位计划、部门计划、个人计划等
按时间分	长期计划、中期计划和短期计划等
按性质分	综合性计划、专题计划等
按形式分	条文式计划、表格式计划、文表结合式计划等

四、计划的写作格式

计划的格式比较灵活，常有以下几种：

（一）表格式

制作表格式计划时，首先要把各项内容分成几个栏目，再把制订好的各项具体计划内容填写进栏目中，形成表格。这种方式适用于时间较短、范围较小、方式变化不大、内容较单一的小型计划，如专项计划、季度计划、月计划等。

（二）文表结合式

文表结合式计划即表格式和条文式相结合的计划。一般是将各项目的内容填写进表格后，再用简短文字作解释说明。

（三）条文式

条文式计划一般由标题、正文、落款三个部分组成。

1. 标题

标题，即计划的名称。一般由单位名称、适用时限、计划内容和计划种类四个要素组成，如《××职业技术学院 2004 年招生工作计划》。标题也可省略其中的某些要素，如《2000 年工作要点》《珠江三角洲经济现代化建设规划》《文秘专业实习安排》。如果认为计划还没有经过正式讨论通过，或未经上级批准，则可在标题的后面或下一行用括号加注"草案""初稿"或"供讨论用"等字样。

2. 正文

正文是计划的主体，需要回答三个问题，即为什么做、做什么、怎么做。正文一般包括下列几项内容：

（1）前言。简要概括基本情况，并指出制订计划的政策依据及要努力达到的目标。

（2）主体。主体是计划的主干部分，主要用来表述计划的具体内容，是计划写作的核心。计划的主体又分为三个部分，即目标与任务、措施与步骤、结尾。

①目标和任务。这是计划的核心内容，需要明确写出要达到的目标、指标和要求，包括做哪些事、数量上和质量上的要求等。

②措施和步骤。措施是完成计划目标和任务的途径和方法，这是实现计划的保证。步骤是工作的程序和时间安排，这是对计划的具体落实。

③结尾。计划的结尾并没有固定的格式，它可以表明决心或提出希望。有些计划也可以不写结尾。

3. 落款

在正文的右下方署上制订计划的单位名称，在署名的下行写上日期。

五、计划的写作模板

标题		单位名称+适用时限+计划内容+计划种类
正文	前言	计划的依据、指导思想或重要意义
	主体	计划的"三要素"：目标（做什么）、步骤（分几步完成）、措施（怎么做）
	结尾	总结全文，表明决心或提出希望
落款		署名 ××年××月××日

六、计划的写作要求

（一）做到两个"吃透"

一是吃透党的方针、政策和上级批示精神；二是吃透本单位的实际情况，树立全局观点，正确处理整体和局部、长远和目前的关系。

（二）要有创新精神

制订计划既反对因循守旧的保守思想，又反对说空话、假话、夸夸其谈的浮夸作风；既要从实际出发，又要留有余地着眼于未来，具有先见之明，做到统筹兼顾。

（三）要走群众路线

在制订计划的过程中，要依靠群众，集思广益，始终坚持群众路线。要在最大范围内让群众参与，集中群众智慧，以保证计划的合理性和可行性，计划草案写好后，应交群众讨论修改。

（四）要突出重点，主次分明

一段时间内要完成的事情很多，先做什么、后做什么、主要做什么、次要做什么，必须有重有轻、有先有后、点面结合、有条不紊,这样才有利于工作的全面开展,达到事半功倍的效果。

(五) 要力求具体、明确

计划的内容必须写得具体、明确,这样才有利于实施和检查。一般不议论,不叙述过程,要一条条、一件件用简明、准确的文字表述清楚。

七、计划的评价标准

项目	评分标准	分值	自评得分	互评得分
格式	文种类型选择正确,按照计划的规范格式书写	30 分		
内容	计划的具体事项分条列项、清晰具体、切实可行	20 分		
内容	内容写作清晰,计划三要素安排详略得当	20 分		
语言	语言得体,符合计划行文的语言特点,简单明了	30 分		
总分		100 分		

【小贴士】
　　事务文书"计划"的写作,要求符合本单位、本人实际情况,切勿好高骛远,写作时注重求真务实及实际作用。

例文赏析

全民健身计划

(2021—2025 年)

　　"十三五"时期,在党中央、国务院坚强领导下,全民健身国家战略深入实施,全民健身公共服务水平显著提升,全民健身场地设施逐步增多,人民群众通过健身促进健康的热情日益高涨,经常参加体育锻炼人数比例达到 37.2%,健康中国和体育强国建设迈出新步伐。同时,全民健身区域发展不平衡、公共服务供给不充分等问题仍然存在。为促进全民健身更高水平发展,更好满足人民群众的健身和健康需求,依据《全民健身条例》,制定本计划。

　　一、总体要求

　　(一)指导思想。以习近平新时代中国特色社会主义思想为指导,贯彻落实党的十九大和十九届二中、三中、四中、五中全会精神,坚持以人民为中心,坚持新发展理念,深入实施健康中国战略和全民健身国家战略,加快体育强国建设,构建更高水平的全民健身公共服务体系,充分发挥全民健身在提高人民健康水平、促进人的全面发展、推动经济社会发展、展示国家文化软实力等方面的综合价值与多元功能。

（二）发展目标。到2025年，全民健身公共服务体系更加完善，人民群众体育健身更加便利，健身热情进一步提高，各运动项目参与人数持续提升，经常参加体育锻炼人数比例达到38.5%，县（市、区）、乡镇（街道）、行政村（社区）三级公共健身设施和社区15分钟健身圈实现全覆盖，每千人拥有社会体育指导员2.16名，带动全国体育产业总规模达到5万亿元。

二、主要任务

（三）加大全民健身场地设施供给。制定国家步道体系建设总体方案和体育公园建设指导意见，督导各地制定健身设施建设补短板五年行动计划，实施全民健身设施补短板工程。盘活城市空闲土地，用好公益性建设用地，支持以租赁方式供地，倡导土地复合利用，充分挖掘存量建设用地潜力，规划建设贴近社区、方便可达的场地设施。新建或改扩建2000个以上体育公园、全民健身中心、公共体育场馆等健身场地设施，补齐5000个以上乡镇（街道）全民健身场地器材，配建一批群众滑冰场，数字化升级改造1000个以上公共体育场馆。

开展公共体育场馆开放服务提升行动，控制大型场馆数量，建立健全场馆运营管理机制，改造完善场馆硬件设施，做好场馆应急避难（险）功能转换预案，提升场馆使用效益。加强对公共体育场馆开放使用的评估督导，优化场馆免费或低收费开放绩效管理方式，加大场馆向青少年、老年人、残疾人开放的绩效考核力度。做好在新冠肺炎疫情防控常态化条件下学校体育场馆向社会开放工作。

（四）广泛开展全民健身赛事活动。开展全国运动会群众赛事活动，举办全民健身大会、全国社区运动会。（略）

（五）提升科学健身指导服务水平。落实国民体质监测、国家体育锻炼标准和全民健身活动状况调查制度。（略）

（六）激发体育社会组织活力。完善以各级体育总会为枢纽，各级各类单项、行业和人群体育协会为支撑，基层体育组织为主体的全民健身组织网络。（略）

（七）促进重点人群健身活动开展。实施青少年体育活动促进计划，推进青少年体育"健康包"工程，开展针对青少年近视、肥胖等问题的体育干预，合理调整适合未成年人使用的设施器材标准，在配备公共体育设施的社区、公园、绿地等公共场所，配备适合学龄前儿童大动作发展和身体锻炼的设备设施。（略）

（八）推动体育产业高质量发展。优化产业结构，加快形成以健身休闲和竞赛表演为龙头、高端制造业与现代服务业融合发展的现代体育产业体系。（略）

（九）推进全民健身融合发展，深化体教融合。（略）

（十）营造全民健身社会氛围。普及全民健身文化，加大公益广告创作和投放力度，大力弘扬体育精神，讲好群众健身故事。（略）

三、保障措施

（十一）加强组织领导。加强党对全民健身工作的全面领导，发挥各级人民政府全民健身工作联席会议作用，推动完善政府主导、社会协同、公众参与、法治保障的全民健身工作机制。（略）

（十二）壮大全民健身人才队伍。创新全民健身人才培养模式，发挥互联网等科技手段

在人才培训中的作用。（略）

（十三）加强全民健身安全保障。对各类健身设施的安全运行加强监管，鼓励在公共体育场馆配置急救设备，确保各类公共体育设施开放服务达到防疫、应急、疏散、产品质量和消防安全标准。（略）

（十四）提供全民健身智慧化服务。推动线上和智能体育赛事活动开展，支持开展智能健身、云赛事、虚拟运动等新兴运动。（略）

【例文分析】

这是国务院印发的《全民健身计划（2021—2025年）》。开篇即写明是以党中央、国务院的方针政策为指导，结合体育强国和健康中国的预期制定本计划，点明此次计划制定的依据和背景。主体部分明确全民健身工作的目标、任务、措施、保障等内容。该文层次清晰、内容完整、逻辑严密，次序安排合理，上下衔接自然，用语规范准确，值得大家借鉴学习。

拓展资源/学习资源

计划（上）

计划（下）

任务二　总结

任务情境

临近毕业，某学院2021级汽车检测与维修专业的学生完成了为期2周的金工实训学习任务，根据学院要求，每位同学需要就这段实训经历写一篇总结，同学们该如何写好这篇实训总结呢？

【小贴士】

通过写总结培养自身客观公正、实事求是的品质，提升事务文书的写作素养。

任务指南

毛泽东曾说："人类总得不断地总结经验，有所发现，有所发明，有所前进。"这段话精辟地阐述了总结的作用和意义。总结的写作过程，既是对自身社会实践活动的回顾，也是人们思想认识提高的过程。善于总结也是个人成长和进步的重要途径和方法，为此，我们必须会写总结。

一、总结的概念

总结是指本人、本单位或本地区对前一段的工作、学习等活动进行回顾检查、分析评价，从中找出经验教训和规律性认识的一种书面材料。计划与总结密切相关，计划是总结的依据，总结是对计划的检验，两者相辅相成、互相制约而又互相促进。

二、总结的特点

（一）过程性

每一项工作，都有一定的过程。进行总结时，要把这个过程反映出来，包括工作是怎样开始的，以后又是怎样发展的，中间遇到了什么问题，这些问题是怎样解决的，解决的效果如何，等等。

（二）理论性

总结是理论的升华，是在分析事实材料的基础上，比较、归纳、提炼出正确的观点，从而提高认识、吸取经验教训，以便更好地指导今后的实践活动。

（三）客观性

总结是针对本组织或个人所制订计划的总结，应该以客观事实为依据，真实、客观地分析情况、解决问题、总结经验，不允许虚构和编造。

三、总结的分类

总结按照不同的角度，可以分为不同的种类。按内容分，有工作总结、生产总结、学习总结和思想总结等；按时间分，有年度总结、季度总结、月份总结和阶段总结；按范围分，有单位总结、部门总结、个人总结等；按性质分，有全面总结、专题总结。

四、总结的写作格式

总结由标题、正文、落款三个部分组成。

（一）标题

1. 公文式标题

由单位名称、时限、内容和文种四个要素组成，如《××公路管理处2022年公路养护总结》。

2. 文章式标题

用简练的语言概括总结的主要内容或基本观点，标题中不出现"总结"字样，如《面向市场灵活经营》《科技立厂人才兴业》等。

3. 双标题

一般由正标题与副标题组成。正标题概括主要内容或揭示主题，副标题则写明单位、时限和工作内容等。如《抓改造促管理增效益——×××客车站2022年工作总结》《了解市场动向，为经济建设服务——××××年××客车站春运工作总结》。

(二) 正文

正文由前言、主体、结尾三个部分组成。

1. 前言

前言即总结的开头部分，应概括交代工作的依据、背景、时间、内容、采取的方法和取得的成绩，并作简要的评价。前言要写得简洁概括、中心突出、提纲挈领。

2. 主体

这是总结的重点部分，主要写取得的成绩或存在的问题与获得的经验教训。在写法上要求做到观点鲜明、材料典型、叙议结合。

(1) 基本内容：

①基本情况。主要简述在什么时间、什么条件下做了哪些工作、采取了什么措施、取得了哪些成绩等。

②工作经验。在具体事实的基础上分析取得成绩的原因和条件，从中总结出具有普遍指导意义的和规律性的经验。一般情况下，成绩是主流的、本质的，不要因为存在一些问题，就将总结写得像检查一样。

③存在问题。把工作中存在的问题、不足的地方如实地反映出来，从分析产生问题的原因中引出值得借鉴的教训，来改进今后的工作。

④今后意见。主要是针对存在的问题，结合下一阶段工作的任务和要求，对今后工作提出努力方向和改进措施。

(2) 结构形式。

①纵式结构。按时间顺序或工作进程来写。其结构通常是工作指导思想→具体做法→成绩经验→问题教训。这个顺序，使人看了不仅能参照经验去办，而且给人以完整的印象，综合性总结常采用这种写法。

②横式结构。把经验体会上升到一定理论高度，归纳出几个并列的观点，按照其内部的逻辑关系来安排内容和层次。这几个并列的观点或在开头概括介绍，或在结尾进行概括总结。这种形式行文简要，逻辑关系清晰，便于阅读时抓住要点。

③纵横式结构。在一份总结中既有纵式结构又有横式结构，按材料间的逻辑关系，把内容分为几个部分，每一部分又按时间顺序来写，或以时间顺序将整个工作分为几个段落，每一段落又分别归纳出一些经验和体会，利用小标题分开来写。这种形式写法条理清楚、一目了然。

3. 结尾

结尾应写得简短有力，或归纳全文内容、提示主题，或提出今后努力方向和打算，都应意尽言止。

（三）落款

落款一般包括单位名称和日期。如果标题中已有单位名称，落款就不再具名。

五、总结的写作模板

标题		单位名称+时限+内容+文种
正文	前言	概述工作背景、基本情况，也可说明写作目的并作出基本评价
	主体	一般包括具体做法、成绩经验、问题教训等
	结尾	今后的改进措施、努力方向和开展工作的设想
落款		单位名称（个人姓名） ××××年××月××日

六、总结的写作要求

（一）要有明确的指导思想

写总结最忌指导思想不明确，罗列现象，就事论事，上升不到应有的理论高度来认识。要写好总结，就必须以正确的观点和党的方针政策为依据来衡量各项工作，才能给工作以恰当的评价；必须科学地分析整个实践活动才能总结出经验，并从中找出规律性的东西。

（二）要有实事求是的态度

写总结一忌好大喜功，搞浮夸，只提成绩，不谈问题；二忌将总结写成"检讨书"，把工作说得一无是处。写总结要从实际出发，实事求是地反映事物本来面目，概括总结出来的规律必须是事物固有的，而不是主观臆造的。

（三）要找出规律，提示本质

总结的目的，是面向未来，避免今后工作的盲目性。因此要求作者从客观实际出发，从分析研究事实着手，发掘出事物的本质特点，找出内在联系，找出取得成绩的原因或存在问题的根源，从而认识事物的本质规律，提出符合客观实际的意见，明确今后的工作任务和努力方向。

七、总结的评价标准

项目	评分标准	分值	自评得分	互评得分
格式	文种类型选择正确，按照总结的规范格式书写	30分		
内容	总结写作思路清晰、逻辑明确、概括性强	20分		
	内容符合实际情况、客观真实、重点突出	20分		
语言	语言得体，符合总结的语言特点，贴合现实	30分		
总分		100分		

> 【小贴士】
> 写作总结是做好工作的重要环节，它有助于我们对以往工作和生活做全面系统的了解，从而明确下一步的工作方向。

例文赏析

2020年新城区脱贫攻坚工作总结

2020年是我国全面建成小康社会的收官之年，也是决战决胜脱贫攻坚之年。3月6日，习近平总书记在全国决战决胜脱贫攻坚座谈会上发表重要讲话。4月20日，习近平总书记来陕考察时对脱贫攻坚工作又提出明确指示要求。新城区脱贫办坚决贯彻落实习近平总书记指示精神，把脱贫攻坚工作作为重大政治任务和第一民生工程持续抓紧抓好，全面高标准高质量完成各项帮扶工作任务。

一、基本情况

我区结对帮扶蓝田县普化镇和小寨镇14个贫困村，两个镇建档立卡贫困户共计1381户5080人，其中我区联户帮扶157户446人，2018年成功脱贫124户379人。目前，剩余33户67人已全部达到脱贫标准，正在按照程序进行脱贫退出工作。同时，我区与高新区对口帮扶安康市岚皋县，岚皋县已于2020年2月通过省上验收脱贫摘帽。

二、工作开展情况

今年以来我们主要做了以下8个方面的工作：

1. 学习习近平总书记重要论述和来陕重要讲话精神。（略）
2. 领导重视，深入一线对接调研，解决问题。（略）
3. 强化组织领导，适时调整配齐工作人员（略）。
4. 抓住重点、夯实基础。（略）
5. 完善各类资料，抓好整改落实。（略）
6. 强化督导、宣传工作。（略）
7. 帮扶安康市岚皋县情况。（略）
8. 消费扶贫情况。（略）

三、存在问题

当前脱贫攻坚工作存在的问题主要表现为：

1. 产业发展内生动力不足。以我区帮扶的14个村来看，目前除了蔡岩村有一个村级面粉厂，河湾口村有一个菌菇种植大棚，可以产生一些效益，有一定的带贫作用，其他村基本是光伏发电和花椒、白皮松等种植类的以家庭为单位生产经营模式，生产周期长，产品附加值不高，抵御市场风险能力不强。

2. 部分2016年以前脱贫户对帮扶政策不了解，不认可帮扶干部和驻村干部，对帮扶效果不太满意。

3. 贫困群众等靠要的依赖思想还存在。在生产生活中自主创业、主动创业的意识不强。

四、下步打算

一是全力做好消费扶贫工作。从2020年下半年起，消费扶贫是脱贫攻坚领域的重中之重，我区也制定和下发了相应的工作方案，我们要在督促各单位圆满完成"832平台"购买任务的基础上，不断加大"三专"建设力度，要求各街道和各责任单位全力配合区脱贫办，选好点位，保证商家入驻，确保年底之前足额完成专柜铺设数量。

二是做好脱贫攻坚迎检工作。要及时对接市脱贫办和蓝田县脱贫办，掌握工作主动权，督促我区各组长单位、成员单位、联户帮扶干部和驻村工作队以实实在在的帮扶成效和规范完整的工作资料迎接国家和省市各级检查验收，确保我区工作不出问题。

三是区脱贫办要切实做好跟踪走访，确保我区帮扶的33户未脱贫户如期脱贫退出。

四是加大脱贫攻坚宣传力度，制定宣传奖惩机制，发动成员单位和驻村工作队走村入户挖掘宣传素材，扩大宣传范围，大力宣传我区脱贫攻坚工作巨大成绩。

新城区脱贫攻坚领导小组办公室
2020年10月30日

【例文分析】

这是一篇脱贫攻坚工作总结，标题采用完整的四项式写法，标明了时间、单位名称、内容和文种。正文由基本情况、工作开展情况、存在问题及下步打算四个部分构成。整篇总结采用了横式结构，逻辑关系清晰、层次分明、表意明确。

拓展资源/学习资源

总结（上）

总结（下）

任务三　调查报告

任务情境

2020年春节，一场突如其来的新冠肺炎疫情肆虐全国，企业停工停产、复工延长，经营管理遭遇巨大挑战。与此同时，不少在校大学生的生活和学习也受到了不同程度的影响。为了更好地了解新冠肺炎疫情对大学生学业、生活以及心理的影响，李锐想以此为题在自己的学校实施一次调查，并就此次调查结果撰写一份调查报告。

【思考】调查报告有哪些特点？应该如何撰写一份高质量的调查报告？

任务指南

一、调查报告的概念

调查报告是人们对某一事件或问题进行调查研究后写出的书面报告。它是调查研究成果的概括和总结，是经常使用的文书之一。在实际工作中，人们往往通过调查报告探索工作规律，反映实际问题，透视社会热点，总结推广典型经验。

调查报告的主要作用：一是反映情况，总结经验，揭示问题，使人们提高认识，掌握规律；二是为领导机关制定政策、措施提供依据。

> 【小贴士】
> 撰写调查报告的过程是一个追求真理、揭示真理、笃行真理的过程。

二、调查报告的特点

（一）真实性

调查报告的主旨是调查研究后揭示客观事物的本质和规律。因此，撰写调查报告，需要深入调查，对材料的真实性要反复核实。如果了解的仅仅是事物的表象，那么得出的结论，要么是假的，要么是非本质规律的。

（二）针对性

调查报告的针对性首先体现在撰写目的上，其次表现在所研究分析的问题上。调查报告要根据党和国家的方针政策，从实际出发，有针对性地调查研究，总结经验，回答人们最关心的问题，提出现实生活中迫切需要解决的问题。所以说针对性是调查报告的灵魂。针对性越强，调查报告的作用就越大。

（三）典型性

调查对象是否典型，所运用的材料是否典型，是调查报告成败的关键。材料不典型，就不能很好地揭示事实的本质和规律。因此，必须选择具有典型意义的事实或材料撰写调查报告，这样才具有现实意义和普遍指导意义。

（四）论理性

调查报告不是材料的堆积，也不是对事物的具体描述，它主要通过对大量的材料进行分析和综合，达到揭示事物的本质和规律的目的。所以，撰写调查报告一般是通过对事实的概括叙述和简要说明，由事论理，最后引出结论，在表达上多采用夹叙夹议、叙议结合的方式。

（五）时效性

调查报告要回答当前工作中迫切需要解决的问题，具有较强的时效性。这一点类似于新闻。因此，调查要迅速、报告要及时，不能让新事变旧事，失去指导意义。

三、调查报告的分类

调查报告所涉及的内容很广泛，表现的形式也是多种多样的，一般常见的有以下三种：

（一）经验调查报告

经验调查报告主要反映社会实践中具有一定典型性的经验，以介绍先进的典型经验为主，目的在于推广经验，指导全局性工作。这些经验具有代表性、科学性、政策性，能对工作起到推动和指导的作用。

（二）情况调查报告

情况调查报告反映某地区、单位、行业或某一方面的基本情况和发展状态，涉及诸多方面的内容。这类调查报告对正确制定党的路线、方针、政策有重大意义。

（三）问题调查报告

问题调查报告用大量的事实，揭露某一不良倾向，指出问题的严重性，引起人们的注意和重视，以达到提高认识，吸取教训，推动工作的目的。

四、调查报告的写作格式

调查报告一般由标题、署名、正文三个部分构成。

（一）标题

1. 单标题

一般有两种写法：一种是公文式标题，如《关于白云制药厂挖掘人才的调查报告》《关于三峡库区移民工作问题的调查报告》；另一种是文章式标题，如《盖章一百二工程遥遥无期》《这里的党员为什么受群众爱戴》。

2. 双标题

正标题鲜明地揭示主题，副标题指明调查的地点、内容或范围。如《一篇刚破题的大文章——苏南农业服务体系建设的调查》。

（二）署名

调查报告的署名就是写上作者的名字、单位名称，放在标题下一行居中位置，个人署名可署于文章的右下方，也可署于标题之下的右下方。

（三）正文

正文分为开头、主体、结尾三个部分。

1. 开头

开头又称前言，概括调查对象的基本情况，或提示全文的基本内容，或直接提出调查的问题和结论。开头的写法比较灵活，常见的形式有：

(1) 概括介绍式，即介绍调查对象的基本情况。
(2) 结论式，即在前言中先写调查报告的结论，再阐述主要事实。
(3) 议论式，针对调查的问题说明意义，作简要的评述，再叙写事情的经过
(4) 提问式，开门见山，抓住中心提出问题，引起读者的思考与兴趣。

不管运用何种方式开头，都应该重点突出，简明精要，切入内容要旨。

2. 主体

这是正文的核心部分，是前言的引申和发展，是结语的依据。这部分内容包括两大方面：一是调查所得的具体情况。二是分析得出的结论。常见的结构形式主要有三种：

(1) 纵式结构。按照事物发生发展的先后顺序组织材料安排层次。其优点是线索清楚、脉络分明，对事物的来龙去脉有较清晰的印象。它一般适用于情况调查报告。

(2) 横式结构。按事物的逻辑关系把主体的内容分成几部分，加上序号或小标题，分别进行阐述。其优点是条理清楚，层次感强，观点鲜明。它适用于内容较复杂、涉及面较广的经验调查报告。

(3) 纵横式结构。把纵式和横式结合起来，既按事物的发展过程，又从事物的不同侧面或角度来写，纵横交错。一般来说，叙述事物发展过程时用纵式结构；写体会、总结经验教训或进行对比时，用横式结构。它适用于调查范围比较广泛、内容比较复杂的调查报告。

3. 结尾

调查报告的结尾应简明扼要，或者总结全篇主要观点，借以加深读者印象；或者指出存在问题，提出建议；或者对所调查的现状作归纳说明，并指出其发展远景，等等。有的调查报告主体部分结束了，言尽意尽，就不需另写结尾了。

五、调查报告的写作模板

标题	单标题：公文式标题、文章式标题	
	双标题：正标题揭示主题，副标题指明调查的地点、内容或范围	
正文	开头	包括调查背景、目的、依据等，概括说明调查的基本情况
	主体	展开叙述调查过程，分析调查结果；提出对策、建议和措施
	结尾	概括调查结论（也可无结尾）
落款	单位名称或个人姓名 ××年××月××日	

六、调查报告的写作要求

（一）深入调查，搜集第一手材料

调查研究是我们正确认识事物的一种科学方法，搞好调查是写好调查报告的前提。调查研究要有效利用各种调查方法，如普查、抽样、访谈、考察、调档、上网等，深入一线，

面向基层，尽量掌握第一手材料，不道听途说，也不单凭书面材料或口头汇报认定问题。总之，需要大量占有材料，才能从中找出规律。

（二）实事求是，提炼好主题

占有材料，不等于就一定能写出好的调查报告，还需要对材料进行分析，选择出反映事物发展规律或问题本质的材料，进而提炼出观点。不能堆砌材料，罗列现象，把调查报告写成材料汇编。

（三）用事实说话，做到观点与材料统一

撰写调查报告，是建立在事实基础上的，所选的材料应当能够证明观点，不能把二者割裂开来，要做到事理结合，材料与观点统一。

七、调查报告的评价标准

项目	评分标准	分值	自评得分	互评得分
格式	报告种类选择正确，按照调查报告的规范格式书写	30分		
内容	调查主题具有现实价值，调查方式选择恰当	20分		
内容	内容论理性强，有理有据，能够形成概括性认识	30分		
语言	语言平实、简洁，符合调查报告行文特点	20分		
总分		100分		

【小贴士】

做好调查报告要有吃苦耐劳的精神，要肯吃苦下功夫，我们才能获得有价值、有意义、真实准确的资料信息。在撰写调查报告的过程中也需要我们提高自身分析解决问题的能力，同时学会与人合作。

例文赏析

当务之急：关注养路工健康状况
——××省养路工职业病调查

近几年来，××省公路局陆续收到一些县、市公路段关于养路工因职业诱发疾病，健康水平日趋低下的报告，问题已引起省交通厅、省公路局的高速重视。

一、养路工职业性疾病的主要症状

综合××省各地公路部门调查报告，呼吸系统疾病和肝脏疾病是养路工职工性疾病的主要病症。例如，××市公路段在组织几百名养路工体检中，查出矽肺可疑者34人。××县公路段仅从148名职工中，就查出肺部疾病患者11人，其中4人经省职业病诊断组确认为矽肺病。1986年至1989年，××县公路段职工因病死亡12人，其中50岁以下的8人，主要病

症为肺病、肝病、胃病、风湿等。

××省公路局于今年3月邀请同济医科大学和省卫生防疫站的劳动卫生专家，对××地区388名长期从事公路养护的职工做了一次全面体检，检查的结论是：养路工的自诉症状主要为腰痛、咳嗽、咳痰、肝区痛。客观检查主要表现为呼吸系统的肺脏受损。几种主要症状情况见下表。

症状	受检人数	患病人数	异常率
慢性咽炎	388	333	85.8%
慢性鼻炎	388	250	64.4%
肺功能异常	388	48	22.6%
活动性肺结核	388	34	8.8%
肝肿大（B超结果）	388	57	14.7%
表面抗原阳性	388	60	15.5%

从上表看出，异常率都不同程度地高于社会水平。根据同济医科大学提供的资料，××市表面抗原阳性率为5%~6%，农村阳性率一般都低于此数值。农村抽样调查中，活动性肺结核发病率低于1%。而养路工的表面抗原阳性率为15.5%，活动性肺结核发病率为7.5%，都超过正常比率的数倍。

二、差距工职业性疾病的发病原因

1. 工作、生活、医疗条件差。公路养护系野外露天作业，酷暑严寒、风霜雨雪，都在损害养路工的健康。特别是砂石路面的养护，尘土飞扬，车流量日益增大，更使养路工无法避尘。由于养路工长期接触粉尘，更易患上各种呼吸系统疾病，以至矽肺病。同时，养路工大都是10多人居住在一起，住房挤，卫生条件差，直接影响到他们的健康。据××省公路部门调查，全省2164个道班，有87个没有道班房，还有相当一部分道班是五六十年代修建的危房，447个道班没有解决洁净饮水问题。加上道班多数远离城镇，有病就医不便，特别近几年来医疗费用猛涨，超支严重，许多单位被迫采用医药费包干办法，职工看不起病，只有拖。治疗不及时，小病拖成大病，还造成交叉传染。

2. 劳动强度大。养路工从事繁重体力劳动，日付出量比一般劳动者要多。以砂石路养护为例，每天的回砂，半月一次的撒铺，还有日常的运料、采石、破碎、取土、洒水、清沟……都极大地消耗着他们的体力。如遇水毁抢险，进行突出性修复，更要付出加倍的劳动，消耗加倍的体力。

3. 经济收入少。××省养路工大体由两类人员组成：一类是以固定职工、合同制职工为主体的国家正式职工，约占60%，他们绝大多数是家住农村的"半边户"；另一类是以代表工为主体的没有纳入国家劳动计划的职工，约占40%，他们基本是离土不离乡的农民。去年，××省养路工年平均工资总额为1816元。其中正式工为1956元，代表工仅1270元。这样的收入，以国家职工而言，生活并不宽裕，难以"讲营养"；而代表工不但收入低，而且没有商品粮和各项计划物资供应，要买高价品，还要奉老养小，劳动所得用于个人日常生活开支后，所剩无几。

4. 有的职工素质较低。由于社会偏见，很多人不愿干这个行当。因此，公路部门只好招收一些不大符合条件的人来补充养护队伍。因身体差，本身就难以经受重体力劳动的消耗。又因文化低，缺乏起码的卫生知识，不能掌握劳动保护的基本知识，缺乏自我防护能力，也加重了职业病危害的程度。

三、防治养路工职业性疾病的几点建议

1. 加强劳动保护工作。一是加强劳动保护的宣传教育；二是根据生产需要，合理发放劳动保护用品，并指导职工正确使用；三是加速养护机械化的步伐，减轻工人的劳动强度。

2. 提高养路工人的经济待遇。目前养路工的收入与他们所付出的劳动不符，难以补偿其体能的消耗。因此，建议建立一种新的工资制度或者通过合理的津贴制度加以调剂。对于从事养路工作的代表工、临时工，应本着"同工同酬"的原则，较大幅度地提高他们的工资，使其经济收入、劳保福利与国家正式职工大体持平。

3. 改善生活条件。采取一些有力措施，解决饮水的卫生问题，逐步改善居住条件。同时，在养好路的前提下，抓好道班副业生产，发展庭院经济，以弥补生活费的不足。

4. 加强对疾病的防治。要尽可能地解决道班养路工看病就医难的问题，建立养路工定期体检制度，对查出的病人，要及时治疗，并根据病情，进行隔离或调换工作，以保证治疗效果。同时，要继续加强对职业病的监测与防治，测定现场粉尘浓度及成分，据此制定防治矽肺病的对策。

××报记者×××
通讯员×××

【例文分析】

这是一篇反映养路工健康状况的调查报告。作者按提出问题、分析问题、解决问题的逻辑顺序安排写作内容。第一部分运用表格和数据准确地写出了养路工主要职业病症、患病人数和患病率等，引发读者思考。接下来的第二部分从四个方面表述患病原因，读来令人震撼。第三部分的"建议"顺理成章，它切中要害，针对性极强。纵观全文，结构严谨，层次清晰，观点鲜明，材料充实，观点与材料有机统一。该文写作规范，适合学习者模仿。

拓展资源/学习资源

调查报告概述（上）

调查报告概述（下）

任务四　调查问卷

一、调查问卷的概念

调查问卷又称问卷、调查表，是调查者根据一定的调查目的和要求，按照一定的理论设计出来的。它由一系列问题、调查项目、备选答案以及说明组成，是向被调查者收集资料的一种工具。

在调查报告的撰写过程中，调查问卷设计的好坏直接关系着调查的质量，体现着调查的科学性和艺术性。

二、调查问卷的分类

调查问卷根据划分角度的不同可以分为不同的种类。

（一）根据问卷填写方式分类

（1）自填式问卷，是指由调查者发给（或邮寄给）被调查者，然后被调查者根据实际情况自己填写的问卷。

（2）代填式问卷，是指调查者按照事先设计好的问卷或问卷提纲向被调查者提问，然后根据被调查者的回答，由调查者代为填写的问卷。

（二）根据问卷发放方式分类

根据问卷发放方式，调查问卷可以分为送发式问卷、邮寄式问卷、报刊式问卷、人员访问式问卷、电话访问式问卷以及网上访问式问卷。由于网络具有明显的便捷性，所以网上访问式问卷是我们在现实生活中最常见的一种调查方式。可能有很多同学都曾经参与过网络问卷调查。目前网络上也有很多特别方便的问卷调查资源，比如"问卷星""麦客"，这些都极大地方便了我们获取调查资料。

（三）根据问卷中设计问题类型分类

（1）开放式问卷，即无结构型问卷，它完全由被调查者自由回答，也就是说被调查者可以根据本人的意愿自主回答。开放式问卷的缺点在于所收集到的资料难以量化，难以进行统计分析。对于一些文化程度不高的被调查者，不建议采用这种问卷形式进行调查。

（2）封闭式问卷，即结构型问卷，它问卷中提供明确的备选答案，被调查者只需进行相应的选择即可。它的优点是有利于控制和确定研究变量之间的关系，易于后期的量化和数据的统计分析处理；缺点在于由于问题的可选答案已经给出，所以此类问卷难以发现特殊的问题，难以获得较深入、个性化的资料。

三、调查问卷的设计要求

调查问卷作为收集信息的工具，是一套印刷在纸上的问答题目，其基本特征可概括为四易：易答、易记、易统计、易辨别。调查问卷的设计要求如下：

（1）主题突出，问题之间相互关联紧凑；
（2）用语准确规范，易于被调查者接受；
（3）问题设计形式多样、简明，易懂易答；
（4）易于统计整理和分析。

四、调查问卷的设计原则

在设计调查问卷时，我们需要遵循一些原则，包括可接受性原则、匹配性原则、目的性原则、简明性原则以及逻辑性原则。

（一）可接受性原则

调查问卷的说明部分要亲切、温和；问卷的提问部分要自然有礼貌、有趣味，使被调查者从主观上愿意合作、配合。同时也要强调调查的保密性，保证被调查者的隐私。在实际的调查过程中，适当的时候也可以给予被调查者一定的物质奖励。

（二）匹配性原则

问题的答案要便于分类及解释调查目的，调查所得的数据要便于后期处理和分析。

（三）目的性原则

调查问卷中的问题必须与调查主题有密切关联，不要设计与调查目的本身无关的问题。

（四）简明性原则

调查问卷的内容要简明，调查时间要简短，调查问卷的格式要易懂易读。

（五）逻辑性原则

在整个调查问卷的排列上，要将容易回答的问题放在前面，较难回答的放在中间，敏感性问题以及涉及隐私的问题放在问卷的后面；同时封闭性问题放在前面，开放性问题放在后面。

例文赏析

义务教育学生家长调查问卷（2021年秋季）

本问卷共18道题

尊敬的家长：

您好！欢迎您参加本次问卷调查。本次调查的目的是了解国家有关教育政策落实情况，促进学生身心健康成长。问卷为匿名填写,您提供的所有信息我们将严格保密,且不会分析学生个人的情况,请放心作答。谢谢您的配合!

教育部基础教育司

1. 您家孩子当前上几年级?

   A. 一年级   B. 二年级   C. 三年级

   D. 四年级   E. 五年级   F. 六年级

2. 本学期,周一至周五,您家孩子每天在家写作业的时间大约是?

   A. 没有书面家庭作业   B. 基本能在校内完成

   C. 1小时以内(含1小时)   D. 1~1.5小时(含1.5小时)

   E. 1.5~2小时(含2小时)   F. 2小时以上

3. 本学期,学校老师是否给家长布置或变相布置过作业(包括请家长批改作业)?

   A. 否   B. 是

4. 您家孩子下课后是否参加课后服务与校外培训?

   A. 只参加课后服务   B. 只参加校外培训

   C. 既参加课后服务,也参加校外培训

   D. 均不参加

5. 上学期,除期中、期末考试外,您家孩子在学校是否还参加了周考、月考等其他书面考试?

   A. 否   B. 是

6. 学校是如何呈现学生考试成绩的?

   A. 等级制   B. 分数

7. 学校是否公布学生的考试排名?

   A. 否   B. 是

8. 本学期,周一至周五,您家孩子每天(格式要求:1~12点;0~59分)早上_____点_____分起床。早上_____点_____分上第一节课。下午_____点_____分离校。晚上_____点_____分睡觉。

9. 课间休息时您家孩子是否能够出教室?

   A. 否   B. 是

10. 上学期和本学期,学校是否安排了每天30分钟以上的大课间体育活动?

   A. 否,没有安排   B. 否,不是每天都安排

   C. 否,基本每天都安排,但活动时长不够

   D. 是,都做到了

11. 上学期和本学期,您家孩子的体育课是否会被其他课程或事情挤占?

   A. 从来没有   B. 偶尔

   C. 经常   D. 总是

12. 学校或老师是否给您家孩子推荐过课外读物？
    A. 否　　　　　　　　　B. 是

13. 学校或老师是否强制或变相强制过您家孩子购买课外读物？
    A. 否　　　　　　　　　B. 是

14. 本学期，您家孩子带手机进过校园吗？
    A. 没带过　　　　　　　B. 带过，进校园后交由学校统一保管
    C. 带过，由孩子自己保管

15. 本学期，学校老师是否用手机布置过作业或布置过要求您家孩子利用手机完成的作业？
    A. 否，不存在　　　　　B. 是，少数情况　　　　　C. 是，比较普遍

16. 请根据以下事情发生的频率，在每道题后做出选择。
    （1）限制孩子在家使用手机的时长和次数
    A. 从不　　B. 有时　　C. 经常　　D. 总是
    （2）督促孩子校外锻炼一小时
    A. 从不　　B. 有时　　C. 经常　　D. 总是
    （3）和孩子一起读同一本书
    A. 从不　　B. 有时　　C. 经常　　D. 总是
    （4）和孩子谈论正在读的书
    A. 从不　　B. 有时　　C. 经常　　D. 总是
    （5）督促孩子晚上按时睡觉
    A. 从不　　B. 有时　　C. 经常　　D. 总是

17. 本学期，您家孩子对学校开展的课后服务、作业管理和减负提质工作是否满意？
    A. 否，不满意　　B. 是，比较满意　　　C. 是，非常满意

【例文分析】

这是一篇义务教育学生家长的调查问卷。问卷题目设计合理，逻辑严密，环环相扣，并且紧贴现实义务教育阶段的热点和焦点问题，不仅能获取现阶段义务教育改革的有效数据，而且对下一阶段进一步推进改革方向有着积极的意义和价值，也体现了调查问卷客观严谨求真务实的精髓。

拓展资源/学习资源

调查问卷设计（上）

调查问卷设计（下）

任务五 述职报告

任务情境

年末岁终又到了一年一度的绩效考核时间了,公司要求每一名员工都要书写一份述职报告,总结自己在过去的一年中取得的成绩以及有待改进的地方。刘明对自己在公司工作以来取得的成绩还是比较自信的,但他对如何写好述职报告却不太清楚,该如何做到既能突出工作成绩,又能较好地把握分寸,做到谦虚得体呢?

【思考】述职报告是什么?它有哪些特点?在书写述职报告时,需要注意哪些方面的问题?

任务指南

一、述职报告的概念

述职报告是指党政机关、社会团体、企事业单位的领导者或者工作人员,向人事部门、主管领导以及广大群众陈述自己在一定时间内履行岗位职责的实绩、问题和设想的一种自我评述性的应用文。

"述职"一词最早见于《孟子》中"诸侯朝于天子曰述职。述职者,述所职也",至今已有两千多年。近年来,随着干部人事制度改革的深化,它演化成了一种新兴的文体。述职报告一出现,便显示出它强大的生命力。述职现在已成为我国各级领导干部、公务员和专业技术人员例行考核的一个重要形式。

述职报告的作用有三:一是便于组织人事部门和主管领导了解和考察干部,知人善任,合理使用干部;二是利用群众监督评议,促进干部树立、强化职责观念,忠于职守;三是有利于述职者本人总结经验教训,改进工作,提高素质。

【小贴士】
不论从事何种职业都应该认真履行职责,兢兢业业、爱岗敬业,不忘初心,培养无私奉献、勤奋拼搏的敬业精神。

二、述职报告的特点

(一)述职的自我性

自我评述是述职报告与一般的工作总结、工作报告相区别的一个显著特点。述职报告首要的是"述职",就是述说自己在任期内履行职责的情况,既要述(检查、总结和汇报自己的工作情况),又要评(解剖、评价和鉴定自己的工作)。述职报告用单数第一人称写作。因此,写述职报告要把握好述职的自我性这一特点,不允许游离职责,自由选取材料,也不能与本单位总的工作业绩、问题相掺杂。

(二)论述的确定性

写述职报告,是对自己在任期内所做工作的评述,这里必须有个客观标准,就是自己所在岗位的职责和目标。写述职报告要依据这个标准去评价自己的工作,而一般的工作总结、工作报告的评价标准是不固定的,往往是以上级部门的工作部署和基本要求为依据的。

(三)内容的规定性

述职报告不像一般总结和报告那样,内容涉及面较为广泛,它根据当前组织人事部门考核领导干部的有关规定,要求对任期的德、能、勤、绩四个方面进行述职,尤其是绩(即政绩),它是评价干部好坏的主要标志。因此,述职报告要充分呈现述职人的工作政绩,应实事求是地写出来,既不要夸大其词、自吹自擂,也无须过于谦虚、羞羞答答。

三、述职报告的分类

根据不同的分类标准,述职报告可以分为多种类型,但常用的多为以下两种:

(一)晋职述职报告

晋职述职报告即有关领导或工作人员为晋升更高一级职务而向主管部门和领导汇报履行岗位工作时所作的报告情况。

(二)例行述职报告

例行述职报告即担任一定岗位职务的人员,定期向有关组织和群众汇报工作情况,接受组织考核与监督时所作的报告。

四、述职报告的写作格式

述职报告由标题、署名、主送机关或称谓、正文和写作时间组成。

(一)标题

述职报告的标题,常见的有以下三种:

1. 文种式标题

直接用文种名称作标题,如《述职报告》,这是最常用的一种标题形式。

2. 公文式标题

这种标题有两种,即期限加文种,或期限加职务加文种,如《2006年度述职报告》《2002—2004年任民政局局长职务的述职报告》。

3. 正副式标题

正标题一般写述职报告的主旨或基本观点、基本经验,副标题写何人、任何职的述职报告，如《求真务实　求精务深——2008年任副教授职务的述职报告》《思想政治工作要结合经济工作一起抓——××厂厂长×××的述职报告》。

（二）署名

述职人的姓名，一般应写在标题的右下方（往往还在姓名之前冠以职务名称），也可以写在正文之后的落款处。如果标题中已经出现述职人的姓名，则不必再署名。

（三）主送机关或称谓

向上级领导机关呈送的书面述职报告，应按照公文写作的规范格式，在正文的上一行顶格写明主送机关，如"×××人事处""××组织部"等。如果在一定的场合面对面地向领导或下属作口头述职报告，则应该用一般性的称谓，如"各位领导""同志们"等。

（四）正文

正文一般分为前言、主体、结尾三个部分。

1. 前言

一般写概貌，让人首先有一个总的印象。一般包括两项内容：一是交代述职人的职责，从何时任职，任何职，岗位职责，工作目标。从考核的角度来看，这是让考核者判明述职者是否称职的依据；从写作的角度来看，不交代一下自己的职责，述职就失去根基，就会下笔千言、离题万里。二是对履行职责的情况作整体概述，即实绩概述。在考核所限定的任期内主持了一些什么工作，取得了什么成绩，此外，也可摆出存在的问题。本部分一定要提纲挈领，高度概括，为主体的阐述确定范围和基调。

2. 主体

这是报告的重点部分。这一部分应承接前言，对履行职责的情况展开阐述。内容一般包括汇报实绩和指出存在问题两个方面。

1）汇报实绩。一般选取任期内的几项主要工作汇报，内容要详细具体，作出定性定量分析，尽可能用事实说话。写这一部分的内容，既要突出主要工作，又要抓住主要矛盾。对一些重大问题的决策过程、一些棘手事情的处理思路、一些群众关注问题的认识和处理，要交代得清清楚楚、明明白白，让人清楚地体会到述职人的具体设想、决策、建议、措施、指导等产生的积极作用，从而准确地把握述职人履行职责的能力。这一部分在写法上总的要求是：准确清楚，有理有据，层次清晰，轻重分明，详略得当。

2）指出存在问题。主要是把没有做好、没有完成的工作，或有待于解决的问题，以及工作中的缺点、错误等表述出来。要明确具体，不要敷衍了事；要实事求是，不要回避缺点和问题。

3. 结尾

结尾处一般写自我批评、评价及将来进一步的努力方向，评价自己在工作中的失误和不足，表示自己将更加尽职尽责，做好本职工作的愿望和努力目标。最后要写上"以上报告，请批评指正""述职至此，谢谢诸位"之类的谦恭语，这类习惯用语既显示了对上级领导或下属的尊重，又表现了自己的谦虚和真诚。

（五）写作时间

在正文下面的落款处写明成文或述职的时间，要年月日俱全。

五、述职报告的写作要求

（一）选好角度，把握分寸

述职报告与工作总结不同，它重在叙述个人履行职责的情况，一般不与本单位、本部门的总体工作成绩和问题相混淆，要力求写出个人的工作实绩，对集体领导和互相协作中取得的成果和出现的失误，要讲清自己在其中"扮演"的角色和发挥的作用。

（二）实事求是，有根有据

要处理好成绩与问题的关系，讲成绩要恰如其分，符合实际；谈问题要抓住要害，直截了当。还要处理好个人与集体的关系，既不夸大哪方面的作用，也不缩小哪方面的成绩。凡是工作成绩、经验、问题等，都要写得有根有据，最好用翔实的支撑材料说明问题。

（三）突出重点，写出特色

要选择那些最重要、最主要、足以充分显示成绩和水平的材料进行叙写，不能面面俱到、主次不分。要突出自己的岗位特点，写出与别人不同的成绩、经验、贡献和工作风格，体现个性，以增强表达效果。

六、述职报告的评价标准

项目	评分标准	分值	自评得分	互评得分
格式	文种选择正确，按照述职报告的规范格式书写	30分		
内容	实事求是，客观实在，紧紧围绕岗位职责和工作目标	20分		
内容	能够就自己履行岗位职责的情况，从"德、能、勤、技、廉"几个方面进行自我回顾	30分		
语言	措辞诚恳、行文朴实，语气谦恭，评价中肯	20分		
	总分	100分		

【小贴士】

写作述职报告是对前一阶段的工作进行总结归纳的一个过程，它是吸取教训、总结经验，同时强化自身岗位职责、自我提高的重要手段。

例文赏析

王××述职报告

×××考核小组：

本人自2012年10月至今担任××区区长，任职期间，团结带领全体干部齐心协力，开拓创新，认真履行职责，采取有力措施，保证了2013年各项工作任务的顺利完成。现将我任职期间履行职责和完成工作任务情况报告如下：

一、坚持把发展作为第一要务，积极探索和全面发挥经济管理服务的职能作用

（一）全区工业企业在完成年计划的基础上实现了增长。（略）

（二）以重点工业项目建设为突破，培育我区新的工业经济增长点。今年我区列入市重点的工业项目××项，现均已全部落实。其中列入市重点工业项目真心食品的葵花籽系列产品、东宝集团公司生化药用明胶、东宝集团公司的彩色感光胶项目等××个工业项目，前期工作进展顺利，前景看好，均为明年的经济发展打造了基础。我区确定的××个重点工业项目，总投资预计可达×亿元，项目完成后，新增销售收入××亿元；其中××个在建重点工业项目计划总投资×亿元，项目完成后可增加销售收入××亿元，新增利税×亿元，现已完成投资×亿元。

（三）加快工业园区建设，发挥比较优势，发展特色经济，增强综合经济实力。（略）

（四）充分利用中小企业服务体系，积极为企业提供全方位服务。（略）

二、狠抓安全生产，建立健全安全管理体制

（一）加强安全生产监督管理，健全安全生产监督管理组织网络。（略）

（二）加强对全区煤炭企业和屠宰市场的管理服务工作。（略）

三、深入贯彻"三个代表"重要思想，从大处着眼、小处着手全面落实各项工作

（一）加强领导班子建设，建立一支高素质的干部队伍。局领导班子成员能够相互交流、相互沟通，形成了既有分工又有合作，坦诚相待、合作共事、齐心协力干事业的良好氛围。凡遇重大问题按规定程序集体讨论决定，保证各项决策、决定落实到位。坚持认真执行上级纪委关于领导干部廉洁自律的各项规定，自觉抵制各种腐败现象。（略）

（二）为确保各项指标的完成，每月坚持经济运行分析，对企业运行进行有效监控、协调、指导。经常性地深入企业，进行调研，及时掌握企业的动态，从协调服务入手，帮助企业排忧解难。（略）

（三）抓好重点工业项目建设的实施和落实工作。（略）

（四）加强调研，掌握情况，为区委、区政府当好经济工作的参谋和助手。（略）

（五）进一步发挥产业优势和区位优势，加快商贸经济和服务业发展。（略）

（六）建立健全安全组织机构，形成层层负责、层层落实的组织网络。今年我们努力抓了全区安全生产组织机构的建立，抓了安全生产责任制的落实。（略）

四、优化提升产业结构，稳步加快推进我区经济建设的进程

2013年，为了实现我区经济大跨度发展，我们的总体思路是：

（一）全力搞好生态工业园建设。制定优惠政策，吸引四方资金进入园区。（略）

（二）全力抓好重点工业建设项目和工业集群的发展。（略）

（三）花大资本，下大力气，千方百计招商引资。（略）

（四）抓好原有传统产业、工业的升级改造，促进其体制创新。

各位领导、同志们，以上是我的述职报告。一年来，我已经竭尽全力履行自己的职责，在大家的全力协助下取得了一定的成绩，但还存在一些问题，总的来说我觉得我是称职的。最后，恳请领导同志们严格审查我的述职报告。

谢谢大家！

述职人：王××
2013 年 12 月 20 日

【例文分析】

该述职报告标题由述职人和文种构成，署名在正文之后的落款处。根据称谓判断应是一份向上级考核小组呈送的书面述职报告。前言部分语言简明、高度概括，表现出自己端正认真、严谨求实的态度，为述职报告定了基调。主体部分重点陈述了任职期间的实绩和经验。该部分是述职报告的核心，内容虽然很多，但述职人采用了条文式表述，层次分明，眉目清楚。该述职报告围绕述职人所在岗位的职责，如实汇报，写作中还善于用一些具体的事例说明自己的成绩，说服力强，也易于给人留下比较深刻的印象。对一些工作过程的叙述，用事实说话，语言分寸掌握得合适，表明了述职人成绩的取得离不开大家的合作。结尾简洁明了，谦恭真诚，使用惯用语收束全文。落款规范完整。

【小贴士】

述职报告写作过程中要用事实、数据说话，体现诚实守信、求真务实的态度，同时述职报告中也能够体现出述职者的职业道德和敬业精神。

项目六　公务文书

学习目标

【知识】

理解公务文书的概念、特点，了解公文的种类和规范体式。
重点掌握通知、通报、报告、请示、函的相关知识和写作方法。

【能力】

能够辨别各类文种，正确选择公文文种进行写作。
通过分析例文和写作训练，培养学生撰写常用公文的能力。

【素养】

培养学生遵循公文文书行文之规，明做人处事之理。
培养学生对法规的敬畏之心，强化学生在职场生活中遵守规范不逾矩的观念。

任务一　公务文书概述

任务情境

某职业技术学院2019届文秘专业毕业生蔡小明今年成功考取了公务员，进入黄龙县××镇人民政府担任秘书工作。上班第一天他接收到一个写作任务：

蔡秘书：镇人民政府打算向县人民政府申请在辖区范围内设立国家出口产品加工区。范围为：东至通站西路，南至105国道，西至对门岭，北至机场路，面积为2.93平方公里。请你以××镇人民政府的名义，向县人民政府写一则公文，由版头、主体、版记三部分构成。后天上午一上班立即交我审核。

谢谢。

主任　王洪仁
2019年9月9日

【思考】这则公文应该如何写？公文的基础知识和格式有哪些？

任务指南

一、公文的概念和特点

公务文书是应用文中一大类别,简称公文。公文有狭义和广义之分。现行最新的《党政机关公文处理工作条例》(中办发〔2012〕14号)(以下简称《条例》)第三条对狭义公文的概念和性质作了规定:"党政机关公文是党政机关实施领导、履行职能、处理公务的具有特定效力和规范体式的文书,是传达贯彻党和国家的方针政策,公布法规和规章,指导、布置和商洽工作,请示和答复问题,报告、通报和交流情况等的重要工具。"广义公文既包含了上述狭义所指公文,也包含了党政机关、企事业单位、法定团体等社会组织常用的计划、总结、策划书、求职信等其他应用文,其性质同狭义公文的性质。本项目所介绍的公文是狭义公文,即党政机关公文。

【小贴士】

公文一词,在各朝各代有不同的名称:殷商时称"典册",周代称"中",秦称"典籍",汉称"文书""文案",三国称"公文",唐宋称"文卷""案卷",元称"文卷""薄籍",明称"文牍""案牍",清称"牌子""本章",近代称得最多是的"文牍""文书""应用文"。

公文突出地表现为高度的政治性和政策性,在许多情况下具有法律效力和行政效力,有规范的格式。具体来说,公文具有以下几个方面的特点:

(一) 法定的权威性

公文是机关单位的"喉舌",代表机关单位发言,由法定的机关单位在法定范围内行使职权制作发布,因而也具有制发机关的法定权威。公文一经正式发布,就对其适用范围内的机关、团体和个人具有行政约束力和法定效力,这是其他任何文字材料所不具备的。

(二) 较强的时效性

公文是针对一个时期或当下的公务而制发的,具有时间的限制性。一方面,公文应时势而发,要快写、快发、快办理;另一方面,时效有别,有的公文时效性长,如法律性公文,有的公文时效性短,如针对某件具体事情的通知。

(三) 体式的规范性

"体"指文种、文体,"式"指格式。前者要符合《条例》规定的文种适用范围,符合公文文体语言、表达方式的既定习惯和规范;后者要符合《党政机关公文格式》(GB/T 9704—2012)中关于纸张要求、排版和印制装订要求、公文格式各要素的编排规则等标准。

(四) 作者的专任性

公文作者的专任性,是指公文的拟写由专人负责,并代表专门机构。公文的拟写包括两种形式：一种是职述，即由担负某种职务的人亲自拟写；另一种是代拟，即由某一级领导人或领导机关授权他人代为拟写。无论是上述哪种拟写方式，所写的公文一旦履行了批准手续，形成了正式文件，其作者就不再是个人，而是某一级领导机关或团体单位，与实际拟写人不再发生关系。

（五）处理的程序性

公文在制作、发布、办理的程序上，都要依据严格的程序执行，任何一个环节的失误都会导致公文的失效或执行障碍。

二、公文的分类

公文有多种分类方法，下面介绍几种与公文的用途、格式和写作有较大关系的分类方法。

（一）按用途划分

1. 决议

适用于会议讨论通过的重大决策事项。

2. 决定

适用于对重要事项作出决策和部署、奖惩有关单位和人员、变更或者撤销下级机关不适当的决定事项。

3. 命令（令）

适用于公布行政法规和规章、宣布施行重大强制性措施、批准授予和晋升衔级、嘉奖有关单位和人员。

4. 公报

适用于公布重要决定或者重大事项。

5. 公告

适用于向国内外宣布重要事项或者法定事项。

6. 通告

适用于在一定范围内公布应当遵守或者周知的事项。

7. 意见

适用于对重要问题提出见解和处理办法。

8. 通知

适用于发布、传达要求下级机关执行和有关单位周知或者执行的事项，批转、转发公文。

9. 通报

适用于表彰先进、批评错误、传达重要精神和告知重要情况。

10. 报告

适用于向上级机关汇报工作、反映情况，回复上级机关的询问。

11. 请示

适用于向上级机关请求指示、批准。

12. 批复

适用于答复下级机关请示事项。

13. 议案

适用于各级人民政府按照法律程序向同级人民代表大会或者人民代表大会常务委员会提请审议事项。

14. 函

适用于不相隶属机关之间商洽工作、询问和答复问题、请求批准和答复审批事项。

15. 纪要

适用于记载会议主要情况和议定事项。

(二) 按行文方向划分

1. 上行文

这是具有隶属关系的下级机关呈报给上级机关的公文，如请示、报告等。上行文一般不得越级行文，下级机关只能向直接主管的上级机关行文，只有特殊情况下才可以越级行文。

2. 下行文

这是具有隶属关系的上级机关发给下级机关的公文，如命令（令）、决定、通报、批复等。下行文可以逐级行文，即上级机关只把公文下发到直属的下一级机关；也可多级行文，即上级机关可将公文同时下发到其领导范围内的多层机关；还可直接发送给人民群众，即上级机关通过登报、张贴、广播电视等形式直接向广大人民群众行文。

3. 平行文

这是同一系统内平级机关之间或者没有隶属关系的机关之间来往的公文，如函、意见、会议纪要等。通常，同级的行政机关、社会团体、企事业单位之间，只要有公务需要联系，都可以根据实际情况，以函的形式商洽工作、询问和答复问题、审批事项等。

(三) 按机密程度和阅读范围划分

1. 公布公文

这是内容不涉及秘密，可以对外公开发布的公文。这种公文分为对外公开公文和限国内公开公文两种。

2. 内部公文

这是内容不宜对社会公开，只限于机关内部使用的公文。

3. 机密公文

这是内容涉及国家秘密，泄露出去会使国家的安全和利益遭受损害的公文。机密公文可分为绝密、机密和秘密三种。

(四) 按紧急程度划分

紧急程度即公文送达和办理的时限要求。根据紧急程度的不同，紧急公文应当分别标注"特急""加急",电报应当分别标注"特提""特急""加急""平急"。

三、公文的写作格式

公文一般由份号、密级和保密期限、紧急程度、发文机关标志、发文字号、签发人、标题、主送机关、正文、附件说明、发文机关署名、成文日期、印章、附注、附件、抄送机关、印发机关和印发日期、页码等组成。

公文的版式应按照国家标准《党政机关公文格式》执行。按照标准规定,将公文格式各要素划分为版头、主体、版记三部分。

(一) 版头

公文首页红色分隔线以上的部分称为版头,由份号、密级和保密期限、紧急程度、发文机关标志、发文字号、签发人组成。

1. 份号

这是公文印制份数的顺序号。涉密公文应当标注份号。标注时,一般用6位阿拉伯数字,顶格编排在版头左上角第一行。

2. 密级和保密期限

这是公文的秘密等级和保密的期限。涉密公文应当根据涉密程度分别标注"绝密""机密""秘密"和保密期限。标注时,应顶格编排在版头左上角第二行;保密期限中的数字用阿拉伯数字标注。

3. 紧急程度

这是公文送达和办理的时限要求。根据紧急程度,紧急公文应当分别标注"特急""加急",电报应当分别标注"特提""特急""加急""平急"。标注时,应顶格编排在版头左上角,按照份号、密级和保密期限、紧急程度的顺序自上而下分行排列。

4. 发文机关标志

发文机关标志由发文机关全称或者规范化简称加"文件"两个字组成,也可以使用发文机关全称或者规范化简称。联合行文时,发文机关标志可以并用联合发文机关名称,也可以单独用主办机关名称。发文机关标志要求居中排布,字体颜色为红色,以醒目、美观、庄重为原则。

5. 发文字号

发文字号由发文机关代字、年份、发文顺序号组成。联合行文时,使用主办机关的发文字号。编排在发文机关标志下空两行位置,居中排布。年份、发文顺序号用阿拉伯数字标注;年份应标全称,用六角括号括入;发文顺序号不加"第"字,不编虚位(即1不编为01),在阿拉伯数字后加"号"字。例如"国发〔2022〕1号",其中的"国"是国务院的代字,〔2022〕是发文年份,"1号"是发文序号,表示国务院2022年所发的第1号文件。发文机关代字与发文年份之间一般加"发"字,也有的加"字"字,还有的省略此字。议案、批复和函，一般在发文机关代字之后加"函"字，如国务院这三种公文的发文字号便写作"国函〔20××〕×号"。

上行文的发文字号居左空一字编排，与最后一个签发人姓名处在同一行。

在报刊上发表或翻印公文应省去版头部分，把发文字号移到公文标题之下居中或偏右位置。

6. 签发人

签发人由"签发人"三字加全角冒号和签发人姓名组成，居右空一字，编排在发文机关标志下空两行位置。上行文应当标注签发人姓名。

（二）主体

主体是每份公文的内容部分，位于首页红色分隔线（不含）以下、公文末页首条分隔线（不含）以上。主体一般由标题、主送机关、正文、附件说明、发文机关署名、成文日期、印章、附注、附件等组成。

1. 标题

一切公文和其他文章一样必须有标题。公文标题位于红色分隔线之下，可分一行或多行居中排布；回行时，要做到词意完整，排列对称，长短适宜，间距恰当，标题排列应当使用梯形或菱形。

公文标题的写法与绝大多数文章标题的写法不同，按《条例》规定应由发文机关名称、事由（正文的主要内容）和文种三个部分组成，用介词结构"关于……的"把这三个部分连接起来。个别情况下可以省略发文机关名称或事由，但这二者不能都省略，文种在任何情况下都不能省略。例如，《关于做好××省××地震灾区煤电油气运输等供应保障工作的紧急通知》《××部办公厅关于近期连续发生四起学生溺水事故的通报》《关于表彰完成20××年度交通工作目标任务先进单位的决定》。

公文标题写作的难点在于如何概括好事由。概括事由大多采用动宾结构，如《关于完善××县××局使用土地的请示》，其事由中的"完善"是动词，"××县××局使用土地"是宾语。概括事由的要求是准确简要，防止题文不符、意思含糊、文字过多。

2. 主送机关

主送机关是指发文机关要求受理和答复公文的机关。

主送机关位于标题下空一行位置，居左顶格。如果只有一两个，应当用其全称或规范化简称。如果有多个，则可用同类型机关的统称，如国务院一份公文的主送机关便写作"各省、自治区、直辖市人民政府，国务院各部委、各直属机构"。

主送机关应写机关名称或统称，而不应写领导者个人。如果是周知性公文（如公告、通告等）或记录性公文（纪要），则应省略这一项目。

3. 正文

公文首页必须显示正文。正文位于主送机关名称下一行，用来表达公文的具体内容。正文每个自然段左空二字，回行顶格。数字、年份不能拆开回行。文中结构层次序数依次可以用"一、""(一)""1""(1)"标注。

如何写正文，应根据每份公文的实际需要和惯用体式来确定，有话则长，无话则短，没有适合一切公文正文的统一模式。

4. 附件说明

附件说明即公文附件的顺序号和名称。公文如有附件，在正文下空一行左空二字编排"附件"二字，后标全角冒号和附件名称。如有多个附件，使用阿拉伯数字标注附件顺序号；附件名称后不加标点。

应当说明的是，附件是正文的说明、补充或者参考资料，处于从属地位。而发布令所发布的行政法规和规章，通知所印发、批转、转发的文件，以及议案之后的方案，都不属于从属地位，不能视为附件，因此不能在正文之后加附件说明。

5. 发文机关署名、成文日期和印章

发文机关署名要求署发文机关全称或者规范化简称。成文日期指会议通过或者发文机关负责人签发的日期。联合行文时，署最后签发机关负责人签发的日期。应用阿拉伯数字将成文日期年、月、日标全，年份应标全称，月、日不编虚位（即1不编为01）。

印章指公文中有发文机关署名的，应当加盖发文机关印章，并与署名机关相符。有特定发文机关标志的普发性公文和电报可以不加盖印章。

一般是右空四字编排成文日期，发文机关署名在成文日期之上，以成文日期为准居中编排，印章端正、居中，下压发文机关署名和成文日期。

6. 附注

公文如有附注（需要说明的事项），应当居左空二字加圆括号编排在成文日期下一行。

（三）版记

公文末页下方首条分隔线以下、末条分隔线以上的部分称为版记，由抄送机关、印发机关、印发日期等项组成。

1. 抄送机关

抄送机关指除主送机关外需要执行或者知晓公文内容的其他机关，应当使用机关全称、规范化简称或者同类型机关统称。

抄送机关应当是确实需要了解公文内容的机关，防止太多太滥，增加不相干机关的负担。

2. 印发机关和印发日期

这是指公文的送印机关和送印日期。印发日期用阿拉伯数字将年、月、日标全。

3. 页码

这是指公文页数顺序号，编排在公文版心下边缘之下。

四、公文的行文规则

《条例》规定:"行文应当确有必要,讲求实效,注重针对性和可操作性。行文关系根据隶属关系和职权范围确定。一般不得越级行文,特殊情况需要越级行文的,应当同时抄送被越过的机关。"

(一)向上级机关行文应当遵循的规则

(1)原则上主送一个上级机关,根据需要同时抄送相关上级机关和同级机关,不抄送下级机关。

(2)党委、政府的部门向上级主管部门请示、报告重大事项,应当经本级党委、政府同意或者授权;属于部门职权范围内的事项应当直接报送上级主管部门。

(3)下级机关的请示事项,如需以本机关名义向上级机关请示,应当提出倾向性意见后上报,不得原文转报上级机关。

(4)请示应当一文一事。不得在报告等非请示性公文中夹带请示事项。

(5)除上级机关负责人直接交办事项外,不得以本机关名义向上级机关负责人报送公文,不得以本机关负责人名义向上级机关报送公文。

(6)受双重领导的机关向一个上级机关行文,必要时抄送另一个上级机关。

(二)向下级机关行文应当遵循的规则

(1)主送受理机关,根据需要抄送相关机关。重要行文应当同时抄送发文机关的直接上级机关。

(2)党委、政府的办公厅(室)根据本级党委、政府授权,可以向下级党委、政府行文,其他部门和单位不得向下级党委、政府发布指令性公文或者在公文中向下级党委、政府提出指令性要求。需要经政府审批的具体事项,经政府同意后可以由政府职能部门行文,文中须注明已经政府同意。

(3)党委、政府的部门在各自职权范围内可以向下级党委、政府的相关部门行文。

(4)涉及多个部门职权范围内的事务,部门之间未协商一致的,不得向下行文;擅自行文的,上级机关应当责令其纠正或者撤销。

(5)上级机关向受双重领导的下级机关行文,必要时抄送该下级机关的另一个上级机关。

(三)同级机关行文应遵守的规则

(1)同级党政机关、党政机关与其他同级机关必要时可以联合行文。

(2)属于党委、政府各自职权范围内的工作,不得联合行文。

(3)党委、政府的部门依据职权可以相互行文。

(4)部门内设机构除办公厅(室)外不得对外正式行文。

附:公文式样图(外框为 A4 纸页边;内框示意版心,在印制公文时并不印出)

```
┌─────────────────────────────────────────┐
│ 000001                                  │
│ 机密★1年                                │
│ 特  急                                  │
│                                         │
│        ×××××文件                        │
│                                         │
│          ×××〔2022〕20号                │
├─────────────────────────────────────────┤
│                                         │
│         ×××××关于××××××的通知           │
│                                         │
│ ×××,×××,×××:                            │
│     ××××××××××××××××××××××××            │
│ ××××××××××××××××××××××××××××            │
│ ××××××××××××。                          │
│     ××××××××××××××××××××××××            │
│ ×××××××。                               │
│     ××××××××××××××××××××××××            │
│ ××××××××××××××××××××××××××××            │
│ ××××××××××××××××××××××××××××            │
│ ××××××××××××××××××××××××××××            │
│ ××××××××××××××××××××××××××××            │
│                                         │
│                                  —1—    │
└─────────────────────────────────────────┘
```

×××××××××××××××××××××××。×××。

（×××××）

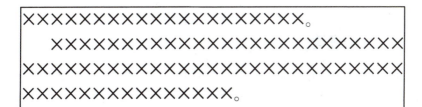

××××××××
2022年7月1日
公章

抄送：×××××，××××××××，××××××。

××××××××××　　　　　　2022年7月1日印发

任务二 通知

任务情境

李明是某职业技术学院的学生会主席，头脑灵活又踏实认真的他在校期间举办了不少有意义的活动。下面是他的新点子：

为落实校团委"温馨五月天，感恩母亲节"相关工作，让感恩之情盈满心间，培养大学生感恩的良好品行，弘扬中华民族感恩的传统美德，校学生会打算组织一次"致母亲的信"主题班会活动，参加活动人员为某职业技术学院全体同学。

李明接下来需要给各二级学院学生会发一则通知，把以上事情落实到位。

【思考】通知功能强大，分支庞杂。根据对任务的分析，思考应该拟写哪个类型的通知？结合所给材料，请找出材料中应出现在通知中的具体事项。结合自己所写通知，思考通知文本的写作应包括哪几部分内容？

【小贴士】
"孝道"是中华传统美德，每个公民都有义务"从小家做起"，弘扬家庭家教家风，推动明大德、守公德、严私德，提高全民道德水准和文明素养。

任务指南

一、通知的概念

通知，适用于发布、传达要求下级机关执行和有关单位周知或者执行的事项，批转、转发公文。通知的行文方向十分灵活，可用于向平级或不相隶属机关行文，也可用于向下级行文，后者使用更多。通知是使用单位最多、用途最广的一种公文。

二、通知的特点

（一）功能的多样性

通知的功能强大，可布置工作、传达指示、晓谕事项、发布规章、批转和转发文件、任免干部等。

（二）运用的广泛性

通知的适用范围最广，使用频率最高。党政机关、一般的企事业单位以及社会团体都经常使用。

（三）较强的时效性

通知中提到的事项一般在一定时间内产生效力。

三、通知的分类

（一）颁转性通知（文件类通知）

用于印发本级机关，批转下级机关，转发上级机关、同级机关和不相隶属机关的公文以及发布某些行政法规等。颁转性通知包含颁布性通知、转发性通知和批转性通知三种类型。

（1）颁布性通知是将发文机关制定的文书下发，要求下级机关知晓或遵照执行的通知，常用于颁布法律、法规或印发有关文件、资料。根据发布内容的重要程度分别选用"颁发""发布""印发"字样，如《财政部关于印发〈基本建设贷款中央财政贴息资金管理办法〉的通知》。

（2）转发性通知用于转发上级机关和不隶属机关的公文，其特点在一个"转"字，如《××省交通运输厅转发交通运输部关于印发道路运输驾驶员诚信考核办法的通知》。

（3）批转性通知用于批转下级机关的公文。上级机关将下级机关的公文加上批示性意见，要求其他有关的下级执行或参照执行时，使用此类通知，其特点在一个"批"字。这种通知的主要文件精神不在通知的正文本身，而在被批转的公文，如《国务院批转××省人民政府关于大力发展生猪生产的决定的通知》。

（二）指示性通知

上级机关对下级机关某一项工作作出指示和安排，而根据公文内容又不必用"命令"或"指示"时，可使用这类通知，如《国务院办公厅关于加强优抚工作的通知》。

（三）周知性通知

用于告知各有关方面周知的事项等。这种通知发送对象广泛，对下级、平级均可发送。如《××学院关于成立大学生心理健康咨询中心的通知》。

（四）事务性通知

用于上级机关对下级就某一具体事项布置工作、交代任务，同级机关及不相隶属的单位之间就某一项具体工作的进行或某一具体问题的解决要求对方配合、协助办理等，如《×××学院关于加强学生暑期安全教育的通知》。

四、通知的写作格式

通知的写作形式多样、方法灵活，不同类型的通知使用不同的写作方法。

通知一般由标题、主送机关、正文和落款构成。

（一）标题

标题的格式有以下四种：

（1）发文机关+事由+文种：如《××市人民政府办公室关于下达2019年无偿献血计划

的通知》。

(2) 事由+文种：如《关于发布 2020 版企业会计准则通用分类标准的通知》。

(3) 发文单位+文种：如《销售部通知》。

(4) 直接以"通知"命名：凡不作为正式文件处理的简便通知，可以仅用文种名称"通知"为标题。

需要注意的是，批转性通知、转发性通知的标题应在事由部分说清来文单位和原文件的名称，但不能机械地照搬原文件名称，而应适当地组织语言，如是否用"关于"二字及在何处使用等。颁转性通知的标题结构如下所示。

类型	常见形式
颁布性通知	××××关于印发《××××》的通知
批转性通知	××××关于批转××××（来文单位名称+原文件名称）的通知
转发性通知	关于转发××××（来文单位名称+原文件名称）的通知

（二）主送机关

主送机关即受文机关，通常应将若干主送机关的名称全部写上。

（三）正文

不同类型的通知，其正文写作方法不同。

（1）指示性通知的正文：指示性通知的正文应写明制发通知的理由、目的、依据及要求受文单位承办、执行的事项。通知事项较多时，应分条写出执行要求，确保条目分明。

（2）周知性通知的正文：周知性通知的事项应交代清楚，篇幅不宜过长。周知性通知的信息较琐碎时应分项列出，以便受文单位阅读。

（3）颁转性通知的正文：颁转性通知一般篇幅较短，写明相关文件的发文机关名称及批转、转发或发布的意见和执行要求即可。需要注意的是，颁转性通知必须包含附件，附上相关文件的全文。

（四）落款

落款包括发文机关和成文日期，应加盖公章，这是公文生效的标志。

五、通知的写作模板

标题		发文机关+事由+文种
主送机关		受文机关名称
正文	缘由	说明发文缘由，交代有关背景、根据及目的等
	事项	说明需要周知或执行的事项
	结尾	要求受文单位贯彻执行的意见
落款		发文机关名称（公章） ××××年××月××日

六、通知的写作注意事项

（1）主题集中，一事一文。每份通知只说明一件事情或布置一项工作。

（2）重点突出，措施具体。通知的事项应重点突出，要求和措施要明确具体、切实可行，以便受文单位正确理解并准确执行。

（3）结构合理，详略得当。内容简单的通知，可采用短文式，写一段或几段不等；内容繁多的通知，可采用分条列项的条文式结构。

（4）讲究时效，快捷及时。通知的写作、传递应当及时、快捷，以免耽误相关事项的周知或执行。

七、通知的评价标准

项目	评分标准	分值	自评得分	互评得分
格式	文种类型选择正确，按照通知的规范格式书写	30分		
内容	通知事项分条列出、清晰具体、切实可行	20分		
内容	内容一文一事，针对性强、详略得当	20分		
语言	语言得体，符合通知行文方向的语言特点，简单明了	30分		
	总分	100分		

【小贴士】

公务文书"通知"的写作，要求材料实事求是、文风求真务实以及注重实效。

例文赏析

【例文1】

国务院批转煤电油运和抢险抗灾应急指挥中心关于抢险抗灾工作及灾后重建安排报告的通知

国发〔20××〕6号

各省、自治区、直辖市人民政府，国务院各部委、各直属机构：

国务院同意煤电油运和抢险抗灾应急指挥中心《关于抢险抗灾工作及灾后重建安排的报告》，现转发给你们，请认真贯彻执行。

20××年1月中旬以来，我国经历了一场历史罕见的低温雨雪冰冻灾害，持续时间长，影响范围广，危害程度深。在党中央、国务院的领导下，各地区、各部门和广大干部职工、人民解放军、武警官兵及公安民警，按照"保交通、保供电、保民生"的工作要求，奋起抗灾，顽强拼搏，取得了重大的阶段性胜利。

目前，救灾和灾后重建任务仍然十分繁重，抗击低温雨雪冰冻灾害斗争由应急抢险抗灾转入全面恢复重建阶段。各地区、各部门要继续加强领导，精心组织，早谋划、早部署、早启动，统筹人力、物力、财力，尽快恢复重要基础设施，尽快恢复工农业生产，尽快安排好受灾群众生活，尽快恢复正常的生产生活秩序，努力把这场灾害造成的损失减少到最低程度，奋力夺取抗灾救灾斗争的全面胜利，确保国民经济平稳运行，确保社会和谐稳定，为实现全年经济社会又好又快发展创造条件。

国务院（公章）
20××年2月15日

（附文《关于抢险抗灾工作及灾后重建安排的报告》（略））

（资料来源：中华人民共和国中央人民政府网，http：//www.gov.cn/gongbao/content/2008/content_ 923034.htm）

【例文1分析】

该通知属于颁转性通知中的批转性通知，全文言简意赅，国务院向主送机关说明了批转事由和转发文件的名称，并提出了"保交通、保供电、保民生"的工作要求。由此可见，要坚决维护党中央权威和集中统一领导，党始终是风雨来袭时全体人民最可靠的主心骨，党中央的集中领导确保了我国社会主义现代化建设的正确方向，确保在国家危难时拥有团结奋斗的强大政治凝聚力、发展自信心，集聚起万众一心、共克时艰的磅礴力量。

【例文2】 ▶▶▶>>>

国务院办公厅关于印发
新污染物治理行动方案的通知

国办发〔20××〕15号

各省、自治区、直辖市人民政府，国务院各部委、各直属机构：

《新污染物治理行动方案》已经国务院同意，现印发给你们，请认真贯彻执行。

国务院办公厅
20××年5月4日

（附文《新污染物治理行动方案》（略））

（此件公开发布）

【例文2分析】

该通知属于颁转性通知中的颁布性通知，全文言简意赅，向主送机关说明了印发事由和印发文件的名称，并提出了工作要求。大自然是人类赖以生存发展的基本条件。尊重自然、顺应自然、保护自然，是全面建设社会主义现代化国家的内在要求。我国政府近年来致力于树立和践行"绿水青山就是金山银山"的理念，站在人与自然和谐共生的高度谋划发展。

【例文3】

国务院办公厅关于组织做好疫情防控重点物资生产企业复工复产和调度安排工作的紧急通知

国办发明电〔20××〕2号

各省、自治区、直辖市人民政府，国务院各部委、各直属机构：

为做好新型冠状病毒感染肺炎疫情防控重点物资生产企业的复工复产和调度安排工作，经国务院同意，现就有关事项紧急通知如下：

一、各省（区、市）人民政府要切实履行主体责任，迅速组织本地区生产应对疫情使用的医用防护服、N95口罩、医用护目镜、负压救护车、相关药品等企业复工复产。要做好生产人员、技术人员和相关设备、原辅料、资金等各方面保障工作，帮助企业及时解决生产经营中遇到的困难和问题，并根据需要及时扩大相关产品产能。

二、国务院应对新型冠状病毒感染肺炎疫情联防联控机制物资保障组负责对上述重点医疗应急防控物资实施统一管理、统一调拨，地方各级人民政府不得以任何名义截留、调用。物资保障组将向重点企业选派驻企特派员，负责监督物资的统一调拨，帮助企业及时反映困难和问题，配合有关部门抓好产品质量监管。

三、生产重点医疗应急防控物资的有关企业，要按照国务院应对新型冠状病毒感染肺炎疫情联防联控机制物资保障组要求，抓紧组织原材料采购和产品生产，及时完成生产任务，并加强产品质量管理，确保物资符合相关安全标准。有关企业要根据物资保障组要求，及时上报产能产量、产品库存等数据。

四、为确保做好重点医疗应急防控物资的及时生产、调拨、运输和配用等方面协调工作，建立有关工作衔接机制，确保24小时联络畅通。各省级人民政府要确定一名厅（局）级负责同志牵头对接联系物资调拨工作。

各地区、各部门及有关企业要统一思想，提高站位，充分认识做好重点地区应急防控物资供应工作的重要性，切实增强紧迫感和责任感，按照本通知要求扎实做好各项工作。

国务院办公厅

20××年1月29日

（本文有删减）

【例文3分析】

这是一篇指示性通知，发文单位是国务院办公厅，全文就疫情防控重点物资生产企业的复工复产和调度安排作出指示。正文先写明事项的重要，然后分条指出各个部门的职责，提出具体的执行要求，行文有序，脉络分明，要求切实可行，很好地体现了上级的权威性、原则性，起到了部署任务、协调完成的作用。

【例文4】

中共××省委教育工委办公室××省教育厅办公室
关于召开2019年××教育新媒体年会的通知

××教工宣办〔20××〕1号

各设区市教育局，××示范区教育局、××新区教育卫体局，××市教育局，××市、××县教育和体育局，各高等学校，各厅有关直属单位：

为深入学习落实习近平总书记关于推动媒体融合发展的一系列重要讲话精神，总结2019年全省教育新媒体运营工作，表彰先进，交流经验，安排部署2020年教育新媒体运营工作，经研究，省委教育工委、省教育厅决定召开2019年××教育新媒体年会。现就有关事项通知如下：

一、主办、承办单位

会议由省委教育工委、省教育厅主办，××学院、××省教育新媒体研究院承办。

二、会议时间、地点

1月9日（星期四）14∶00在××学院图书馆二楼学术报告厅（地址：××市××区××路8号）开会。请于9日10∶00—13∶30在报告厅门口报到。

三、会议内容

1. 总结部署全省教育新媒体运营工作；
2. 优秀教育新媒体运营经验分享及专家讲座；
3. 表彰2019年全省教育新媒体运营先进单位。

四、参会人员

1. 各市（区）教育部门新媒体运营人员1人，受表彰的县（区）新媒体运营单位人员1人；
2. 各高校新媒体运营单位负责人和工作人员各1人。

五、有关要求

1. 会议不收取会务费，参会人员往返交通费、住宿费自理。
2. 请各单位参会人员于1月7日（星期二）上午12∶00前微信扫描"2019年××教育新媒体年会报名二维码"（见附件）并按要求填写参会信息。

联系人及电话：

李×× ×××-××××××××　136××××××××

刘×× ×××-××××××××　177××××××××

中共××省委教育工委办公室　××省教育厅办公室
2020年1月6日

附件：2019年××教育新媒体年会报名二维码（略）

注：1. ××火车站：火车站广场坐603路公交车至国展中心站，同站换乘166路公交车至××学院公交站下车即到；

2. ××高铁北站：高铁站乘坐2号线地铁至会展中心（A2口出）站，在国展中心公交站换乘162路或166路公交至××学院站下车即到。

【例文4分析】

这是一篇事务性通知,该会议的通知标题为完全式。正文部分首先说明开会目的,其次以文种承启语"现就有关事项通知如下"引出通知的四项具体内容,接着提出参会要求,以附件形式给出报名二维码,最后以注释形式给出乘车路线。该通知具体详细,操作性强,很好地体现了事务性通知的特点。

拓展资源/学习资源

通知(上)

通知(下)

任务三　通报

任务情境

刚入职的李明到公司的第一个月就接到一起事故消息:本厂生产的某型号车辆于20××年××月10日13:30在××省××市行驶过程中发生火灾,车体80%被烧毁,车主认为是汽车厂商的质量问题,要求全额赔付。

12月10日傍晚,厂领导得知事故消息后,马上组织有关人员开会研究。负责售后的李明主动请缨并连夜动身从北京公司总部火速前往出事地点。李明首先与当地人员了解相关情况,并与车主耐心仔细地进行沟通,然后做实地勘查,拍照取证。经过一天一夜的紧张工作,和对汽车自燃情况的客观分析,他写出了调研报告,并将调查分析结论向上级做了汇报。调研报告显示汽车发生自燃不是因为产品问题,而是因为车主擅自改造汽车电路系统造成的。最终车主也对李明的调研结果心服口服。

李明的这一行为不仅维护了品牌声誉,而且为公司避免了150000元的经济损失,上级当即决定给予李明5000元作为奖励。

领导交代李明写一份通报,他认为可以通过这份通报让各单位周知此事,以表彰先进,鼓励员工端正工作态度,钻研技术,提高工作积极性。

【思考】你认为在此次事故处理过程中李明哪些职业素养和工作表现值得肯定和表彰?根据你曾见过的校园通报思考李明待完成通报的内容与写作格式。

【小贴士】

不管从事何种职业,当工作中出现问题时请秉承实事求是、诚实守信、严谨认真的工作态度和乐于奉献的精神。

任务指南

一、通报的概念

通报是用于表彰先进、批评错误、传达重要精神和告知重要情况的公文，对于工作中出现的新情况、新问题、新经验、好坏典型等，都可以用通报的形式在一定范围内传播。此文种用法比较灵活，使用频率高。

二、通报的特点

（一）典型性

为达到一定范围和时期内有效指导并推动工作、克服不足、纠正过错的作用，通报的情况、经验或教训一定要有典型性。

（二）真实性

通报中所传达、表扬、批评的情况必须准确无误，不许有任何虚假成分。

（三）时效性

因通报具有指导现实工作的作用，故要强调其时效性。尤其是对具有借鉴作用的典型事例，通报发得越及时，其指导作用发挥得就越大。

（四）叙议结合性

在语言表达上，通报有叙有议。"叙"用以陈述通报的事实，"议"用以揭示问题的性质。

三、通报的分类

根据通报的适用范围，可以把通报分为表彰通报、批评通报和情况通报三类。

（一）表彰通报

表彰通报主要用于表扬具有典型性、代表性的先进人物、先进事迹，以使人们从表彰的先进事迹中得到启发，学习经验，受到鼓舞，从而推动工作。

（二）批评通报

批评通报主要用于批评犯有错误的单位和人员，以使人们从批评的错误事实中受到教育，吸取教训，引以为戒，防止此类事件再度发生。

（三）情况通报

情况通报主要用于传达上级指示或会议精神，通报工作或活动的进展情况和存在的问题，以及所属单位发生的值得注意的事件和应当引以为戒的事故等。

四、通报与通知的区别

比较点	目的	行文对象	作用
通报	沟通信息，宣传教育	全体下级机关	通报奖惩情况、重要精神及重要情况
通知	部署具体工作	不相隶属机关、平级机关或下级机关	周知情况

五、通报的写作格式

通报由标题、主送机关、正文和落款构成。

（一）表彰通报

1. 标题

表彰通报标题可采用三项式或两项式（省略发文机关名称），如《国务院办公厅关于表彰奖励中国女子足球队的通报》《关于表彰×××同志拾金不昧的通报》。

2. 主送机关

表彰通报的主送机关多是同类型机关的统称。用来张贴或在报刊刊登表彰通报，可以不写主送机关。

3. 正文

正文一般由四部分构成。第一部分介绍先进事迹，一般采用概述手法，交代被表彰者先进事迹发生的时间、地点、人物、事件，以及事件的起因与结果。这一部分的写作要注意突出先进事迹的中心内容和感人之处。第二部分析评价，即对先进事迹进行分析，肯定成绩与贡献，揭示其模范作用与积极影响，予以恰当的评价与热情赞扬。第三部分作出表彰奖励决定。第四部分提出希望与要求，希望被表彰者再接再厉，或者号召其他人学习先进，做好工作。

4. 落款

落款处注明发文机关（印章）和成文日期。

（二）批评通报

1. 标题

批评通报一般采用三项式标题，如《国务院办公厅关于对少数地方和单位违反国家规定集资问题的通报》《×××市人民政府关于××公司王××同志工作失职给国家造成重大经济损失问题的通报》。

2. 主送机关

同表彰通报。

3. 正文

与表彰通报结构相似，由介绍情况、分析评价、作出处分决定、提出希望与要求四部分构成。介绍情况，无论是个人所犯错误事实，还是工作失误情况、责任事故，要将事实行为发生的时间、地点、成因与结果交代清楚。对事实的分析评价，要全面中肯，剖析其性质与危害，挖掘其思想动机与原因，指出应吸取的教训。作出处分决定，则要写明给予何种处分，或给予什么样的经济制裁等。提出希望与要求，即告诫下属单位或个人要引以为戒，避免出现类似错误。

4. 落款

落款处注明发文机关（印章）和成文日期。

（三）情况通报

1. 标题

情况通报采用三项式或两项式（省略发文机关名称）标题均可，如《××省人民政府办公厅关于××市西郊建章路"8·6"氯气泄漏事故的通报》《关于××××年上半年固定资产投资新拖欠情况的通报》。

2. 主送机关

同表彰通报。

3. 正文

通常由通报的情况和指示性意见或要求组成。通报情况一般首先要肯定已经取得的主要成绩，还可以表扬一些成绩突出的单位，并简要说明取得成绩的原因；然后指出工作中存在的主要问题，也可以批评一些存在严重的单位，并说明问题产生的原因，以引起受文单位的重视，并努力解决问题。意见或要求一般较原则、概括。

4. 落款处注明

落款处注明发文机关（印章）和成文日期。

六、通报的写作模板

以表彰通报和批评为例，通报的结构模板如下所示。

标题		发文机关+事由+文种
主送机关		受文机关名称
正文	概述事实	叙述先进（或错误）事迹，包括时间、地点、人物、经过、结果等
	分析评价	对上述事迹进行分析评价，明确其性质和典型意义，概括其主要经验或教训
	作出决定	提出表彰（或批评），写明表彰（或批评）依据及形式
	提出希望与要求	发出号召
落款		发文机关全称或规范简称（公章） ××××年××月××日

七、通报的写作要求

（一）事实清楚，详略得当

把事实交代清楚，是写好通报的关键。事实清楚，一是要注意叙述事实的六要素，即人物、时间、地点、事件、原因、结果，以使读者对整个事情有一个全面的了解；二是要注意叙述的顺序和详略，事实的详略应按通报的主题确定。

（二）分析精辟，入情入理

对表扬或批评的人和事进行通报时，要有定性的结论，对情况通报中的情况要有原因的分析和结论，对事故通报中的事故也要有原因的分析、责任的追究及定性的结论，并要总结出教训。这些议论，都要实事求是、入情入理，防止妄加议论、无限上纲。

（三）措施得当，切实可行

通报中的处理措施有的带有指导性，有的是惩恶扬善，都需要处置得当、切实可行。

八、通报的评价标准

项目	评分标准	分值	自评得分	互评得分
格式	文种选择准确无误，按照通报的规范格式书写	30分		
内容	叙述事实繁简得当	20分		
内容	行文条理清晰，评价简洁	20分		
内容	提出的希望与要求恰当，对象明确，体现行业特点	10分		
语言	语言得体，语气郑重	20分		
	总分	100分		

例文赏析

【例文1】

××公司党委关于授予张×× "优秀共产党员" 荣誉称号的通报

各子公司党委、各部门、各直属机构：

张××同志是公司二总装厂动力维修工人，共产党员。20××年9月12日上午8时30分，二总装厂喷漆车间油漆传送管道突然爆炸起火，正在利用公休日清理夜间施工现场的张××被爆炸气流猛烈推倒，头部、右臂和大腿等多处受伤，鲜血直流，鞋子也被抛出很远。在这危急关头，张××强忍剧痛，迅速爬起，顾不得穿鞋和查看自己的伤势，踩着玻璃碎片，冲入烈火之中，迅速关闭了喷漆阀门、电器总闸，接着又抓起干粉灭火器奋力灭火，在随后赶来的厂保卫科工人的援助下，终于将火全部扑灭，避免了火势的蔓延。

张××在身体多处受伤、火势凶猛，并随时可能发生更大爆炸的危急关头，将个人生死置之度外，果断处理突发事件，为遏制火势蔓延、防止事故扩大、减少国家财产损失，做出了突出贡献。他的行为体现了为保卫国家财产和人民利益，不惜牺牲个人生命的崇高精神品质，谱写了一曲当代共产党人的正气之歌。

为此，公司党委决定：

一、将张××奋力灭火的英勇事迹通报全公司，以公开表彰。

二、授予张××"优秀共产党员"荣誉称号，为张××晋升一级工资，并颁发灭火奖金10000元，以资鼓励。

希望各子公司党委、各部门、各直属机构组织广大共产党员和干部职工认真学习公司党委的表彰通报，以张××的英勇事迹和崇高精神为动力，努力做好本职工作，落实安全生产责任，为汽车工业的改革与发展做出更大的贡献。

××公司党委（印章）
20××年10月8日

【例文1分析】

本篇通报属表彰通报，第一层叙述表彰缘由、事实，第二层对先进事迹进行分析评价，第三层作出表彰决定，第四层对今后工作提出希望与要求。

【小贴士】

在全社会范围内弘扬劳动精神、奋斗精神、奉献精神、创造精神、勤俭节约精神，这是我们时代的新风新貌。时代需要英雄，优秀共产党人就是时代的英雄。

【例文2】

中共××省委教育工委
关于首批××高校辅导员工作室终期验收结果的通报

××教工〔2021〕4号

各普通高等学校：

为推进我省高校辅导员队伍专业化建设，省委教育工委实施了"××高校辅导员工作室建设计划"，并于2018年设立了首批20个工作室。按照《××普通高等学校辅导员工作室建设与管理办法》（修订版）（××教工生办〔2020〕1号），经立项建设、中期考核、终期验收和结果公示等程序，××交通大学等20个首批建设单位通过验收，授予"知心工作室"等20个工作室"××高校省级辅导员示范工作室"，授予××交通大学叶×等9人"××高校名优辅导员"称号。

希望正式挂牌的工作室，继续深化建设成果，加强团队建设，发挥领军作用，推动本校和全省辅导员队伍专业化、职业化发展。各有关高校要探索挂牌后工作室建设的长效机制，鼓励支持工作室主持人长期从事大学生思想政治教育工作，确有需要不再从事的，可根据实际实行主持人聘期制，但工作室建设方向不得改变。省委教育工委将把工作室建设情况纳入高校辅导员队伍建设评价指标体系，根据需要赋予工作任务，并给予一定政策支持和资源保障。希望全省高校辅导员以"××高校名优辅导员"为榜样，全面落实"立德树人"的根本任务，践行"三辅三主六导四员"的要求，提升政治能力，改进教育方法，厚植爱生情怀，为培养担当民族复兴大任的时代新人做出应有贡献。

各高校工作室后续建设情况，请及时报告省委教育工委。

联系人：杨×× 联系电话：×××-××××××××

电子邮箱：××××@126.com

附件：1. 首批××高校辅导员工作室终期验收结果

2. ××高校名优辅导员名单

中共××省委教育工委

2021年1月7日

【例文2分析】

本篇通报属情况通报，标题是完全式。正文先叙述情况，再分析情况，阐明意义，后提出指导性意见。标题完整简明，事由概括准确。

任务四　　报告

任务情境

王芳进入新天汽车服务有限公司销售部工作后表现非常出色，部门领导想全面了解她入职以后的工作情况，要求她提交一份工作报告。王芳不知如何下笔，参考了这样一则例文。

××汽车服务有限公司销售部关于走访福升别克4S店的报告

新汽售〔20××〕12号

总经理办公室：

为深入了解福升别克4S店的营销经验，根据公司要求，我部经理魏明、助理袁刚等一行四人于20××年12月29日走访了福升别克4S店，与该店店长、销售人员等进行了座谈，并实地观摩了该店的各项工作。经过考察得出，福升别克4S店今年的销售额与去年同期相比之所以能够增长21%，主要因其重视内部学习、重视售前和售后服务工作，从而获得了客户的信赖，提高了今年的销售额。现在，我部将有关考察结果汇报如下：

一、通过内部学习交流会，提高员工素养，增强员工凝聚力

每月一次福升沙龙活动是福升别克4S店的一大特色。福升的近几任店长均有重视内部学习交流的良好传统，将提高员工职业素养作为一项长期任务来抓。该店管理人员认为，应该把本店队伍建设成为一个学习型组织，员工只有通过不断学习才能不断增长专业知识，及时了解最新的行业动态，保持与时俱进的状态。与此同时，通过定期的交流，员工之间能够分享各自的成功经验，探讨不足之处，达到互相学习、共同成长的目的。此外，店内专门划拨出相应的活动经费，在学习交流之余，沙龙还为当月生日的员工购买蛋糕庆生，体现了企业文化人性化的一面，此举不但使所有员工都愿意积极参加沙龙，还有效增强了员工的凝聚力。

二、积极做好客户资料的整理和研究工作，掌握营销主动权

根据不同情况，福升将手上的客户资料分为潜在客户、询价客户和已有客户三类。每一位客户都有自己单独的一份档案。通过研究这些资料，福升摆脱了等待客户上门的被动情况，在营销中掌握了主动权。例如，业务人员根据客户的档案资料，研究客户对汽车维修保养及其相关方面的服务需求，找出"下一次"服务的内容，然后提醒相应的客户按期保养，或告之本公司的优惠活动，或通知他们按时进厂维修、接受免费检测等。

三、售前、售后服务想客户所想

面对前来咨询的客户，福升的工作人员仪表大方整洁，态度主动热情，言谈举止文明礼貌。更可贵的是，在介绍过程中，该店员工并不急于向客户推销别克系列汽车，而是细心专注聆听客户的需求，然后以专业人员的态度、通俗的语言回答客户的问题，根据客户的实际情况推荐相应产品，且推荐中不乏别的汽车品牌，这令客户感到该店的确是在为自己考虑而不是单纯做买卖，无形中提升了客户的好感。在售后服务方面，该店大力抓好跟踪服务工作，采取定期询问客户的用车情况和对本店服务的意见，告之相关汽车操作知识和注意事项等措施，给予客户无微不至的关怀。

综上所述，福升别克4S店通过加强学习、妥善利用客户资料、抓好售前和售后工作三种手段提升了客户的满意度和黏度，也赢得了市场。该店的成功经验对我公司提高销售额、提升品牌影响力，最终留住客户、扩大市场占有率有着重要意义。

特此报告。

销售部（印章）
20××年12月31日

【思考】你能分析归纳以上报告例文的撰写要点吗？根据例文，你能发现报告写作有何特点吗？

任务指南

一、报告的概念

报告适用于向上级机关汇报工作，反映情况，回复上级机关的询问。

报告制度规定，下级机关与单位应当定期向上级机关汇报工作。同时，工作过程中遇到新情况、特殊问题或者发生意外事故等，应当及时向上级机关汇报。如果上级机关已嘱办了事情，也要及时报告处理的结果。另外，向上级机关报送文件、物品等也要呈送报告。报告的主要目的是使上级机关掌握情况，以利于科学决策。

二、报告的特点

报告具有以下三个特点：

（1）实践性；

（2）概括性；

(3)灵活性。

三、报告的分类

（一）按报告的作用分类

按报告的作用，可分为两类：

(1) 呈报性报告。它用于向上级机关汇报工作、反映情况，提出意见和建议，答复上级机关的询问，不要求上级机关批复或批转。

(2) 呈转性报告。它针对工作中普遍存在的问题向上级机关进行汇报并提出意见，并请求批转有关部门参照执行。

（二）按报告的性质分类

按报告的性质，可分为三类：综合报告、专题报告、例行报告。

（三）按报告的内容分类

按报告的内容，可分为五类：工作报告、情况报告、建议报告、答复（回复）告、报送报告。

(1) 工作报告，即用于汇报工作进程、总结工作经验、反映工作问题、提出工作意见的报告，是报告中应用最广泛的一类，有总结性和专题性两种。

(2) 情况报告，即对工作中的重大情况、特殊情况、新情况调查了解之后，向上级机关做出的报告。它不需要上级机关答复，主要是让上级了解、掌握情况，以便根据情况采取措施指导工作。

(3) 建议报告，是指汇报或提出工作建议、措施的报告。用于下级机关或主管部门向上级领导机关提出工作意见，或贯彻某文件、指示的意见，或解决问题的措施、工作方案等。

(4) 答复报告，用于答复上级机关的查询、提问或汇报执行上级机关的某项指示、意见的结果。

(5) 报送报告，是指向上级机关报送物件或材料的报告。

四、报告的写作格式

报告由标题、主送机关、正文和落款构成。

（一）标题

标题的结构形式可以分为以下三种：

(1) 发文机关+事由+文种：如《××县卫生局关于2019年度依法行政工作总结与2020年工作思路的报告》。

(2) 事由+文种：如《关于依法清收拖欠银行利息的报告》。

（3）文章式标题：可以文章主题为标题，如《夯实基础，坚定信念，谋求公司进一步发展》；也可由主副双级标题构成标题，如《百尺竿头，更进一步——宣传部 2021 年工作报告》。

（二）主送机关

报告的主送机关具有单一性，一般为发文机关的直属上级机关（或上级业务指导机关），通常可写其规范性简称。当受双重领导的机关向上级机关呈递报告时，应根据报告内容的实际需要写明主送机关和抄送机关。某些特殊的情况报告可多头主送，以便有关机关尽快了解情况。需要注意的是，报告不得越级行文，不得抄送下级机关。除特殊情况外，不得送发领导者个人。

（三）正文

正文由导语、主体和结尾三个部分构成。

1. 导语

导语通常应写明报告的写作目的、依据或原因，概述工作或事件的总体情况，接着可用"现将有关事项报告如下"等句子过渡到下一段。

2. 主体

不同类型的报告，其主体部分应采取不同的写法。

（1）工作报告。工作报告的正文通常由三部分组成：首先是报告的原因或理由，讲清楚报告的是什么工作，进展到什么阶段，达到什么程度，要报告哪些问题；其次要写报告的主要事项，要比较具体地分条分项地陈述所取得的成绩，分析取得成绩的原因，包括做法和体会，这是报告的主体部分和关键部分；最后要说明工作中存在什么问题和今后的打算。

（2）情况报告。情况报告的正文也应写明三方面的内容：首先概述事情发生的基本情况，包括时间、地点、事情经过及前因后果；其次对事情作出准确的分析评价，指出其性质并表明本单位的看法；最后说明处理的结果或提出处理意见。

然而，有些突发事件，在处理过程中出现新的问题，无政策依据，下级机关拿不准，因此要请求上级机关给予指示，此类报告结束语往往使用"特此报告，有何指示，请告知"或"以上报告妥否，请指示"等，主要是对发生情况采取的措施、处理结果征询上级机关的意见，这和工作开展前向上级要指示、请求批准或同意的请示不同。对这类报告，上级机关一般应回复。

（3）答复报告。答复报告应针对上级机关或领导的询问进行回答，问什么答什么，以示负责，避免借题发挥。

3. 结尾

结尾可以使用"专此报告""特此报告"等惯用语结束，也可以采用简要概括全文等方式收束全文。

（四）落款

落款处应注明发文单位名称或个人姓名，写明成文日期，最后由部门领导签字并加盖发文单位公章。

五、报告的写作模板

标题		发文机关+事由+文种
主送机关		上级机关或部门名称
正文	导语	介绍报告的写作目的、依据或原因，概述工作或事件的总体情况
	主体	或汇报工作内容，或反映情况，或答复询问
	结尾	使用惯用语收尾或自然收尾
落款		发文单位名称或个人姓名（签字盖章） ××××年××月××日

 六、报告的写作要求

（一）实事求是

向上级机关汇报情况一定要属实，既不能夸大，也不能缩小。要客观真实确切地陈述事实。对有关材料，要反复鉴定，对证查实，不能有丝毫的虚假。

（二）迅速及时

报告要及时，只有这样才能使上级机关迅速掌握情况，及时指导工作，提高工作效率，否则将贻误时机，使报告失去意义。

（三）观点明确

写报告要中心突出、目的明确、观点鲜明，不能模棱两可、闪烁其词。尽管报告是陈述性的公文，同样要有鲜明的态度。报告能反映呈报一方的认识水平和政策水平。当然，也不能夸夸其谈、自我炫耀。

（四）不可夹带请示事项

报告是下级机关向上级机关汇报工作、反映情况、答复上级机关询问时使用的公文，上级机关收到后一般不作批复，因此如有请示事项，需另文写"请示"，切不可夹带请示事项，以免耽误工作。

七、报告的评价标准

项目	评分标准	分值	自评得分	互评得分
格式	文种选择准确无误，按照报告的规范格式书写	20分		
内容	客观真实	20分		
	行文条理清晰	20分		
	观点鲜明，详略得当，重点突出	20分		

续表

项目	评分标准	分值	自评得分	互评得分
语言	语言简练，行文客观严谨	20 分		
总分		100 分		

> 【小贴士】
> 公务文书"报告"的写作，要求材料实事求是、文风求真务实以及注重实效。

例文赏析

【例文1】

××省委教育工委省教育厅关于2021年度法治政府建设情况的报告

一年来，省委教育工委、省教育厅（以下简称委厅）深入学习贯彻习近平法治思想和中央全面依法治国委员会有关会议精神，按照《法治政府建设纲要（2021—2025年）》和《××省2021年法治政府建设工作要点》要求，深入推进法治政府建设各项工作，全面推进依法治教、依法治校，着力提升教育治理能力和水平，取得了良好成效。

一、提高政治站位，坚持和加强党对法治建设的领导

（一）深入学习习近平法治思想和习近平总书记来省考察重要讲话精神。（略）

（二）推进习近平法治思想进教材、进课堂、进头脑。（略）

（三）切实履行推进法治建设第一责任人职责。（略）

二、切实履职尽责，提升法治政府示范建设能力

（一）提升政府服务水平。优化教育领域公共服务，做好全省"双减"工作，推动课后学校服务全覆盖，取得一定成效，得到社会认可。（略）

（二）依法科学决策。严格执行重大决策公众参与、专家论证、风险评估、合法性审核和集体讨论决定等要求，保证决策程序合法。（略）

（三）不断推进法规制度建设。（略）

（四）深入推进教育信息公开。（略）

三、开展执法检查，依法应对行政诉讼

（一）探索开展执法检查。（略）

（二）积极办理应诉案件。（略）

四、多措并举普法，做好法治宣传教育工作

（一）做好宪法学习宣传。（略）

（二）广泛宣传教育法律法规。（略）

（三）开展"法律进校园"活动。（略）

通过一年来的努力，机关及系统贯彻习近平法治思想的行动更加坚决，依法行政水平稳步提升，普法宣传工作形式多样、效果明显，干部师生遵法、学法、守法、用法的自觉性主动性不断提高。下一步，省委教育工委、省教育厅将坚持学习贯彻习近平法治思想，

落实党的十九大和十九届历次全会精神,坚定不移贯彻党中央关于法治建设的重大决策和省委要求,着力巩固法治政府示范建设成果,深化依法行政、依法治教、依法治校,围绕教育中心工作开展行政执法,稳步提高教育治理体系和治理能力现代化水平,推进教育事业迈上新台阶。

日期:2022-01-13

【例文1分析】

这是2022年1月由××省委教育工委政策法规与教育执法处公布的一份情况报告,报告采用三项式标题,正文分为四个部分。全篇观点明确,内容翔实,重点突出,详略得当,当属工作报告的典范之作。

> **【小贴士】**
>
> 全面依法治国是国家治理的一场深刻革命,关系党执政兴国,关系人民幸福安康,关系党和国家长治久安。近年来,我国各级政府在法治轨道上全面建设社会主义现代化国家,通过转变政府职能,优化政府职责体系和组织结构,推进机构、职能、权限、程序、责任法定化,提高行政效率和公信力。

【例文2】

××市贸易局关于百货大楼重大火灾事故的报告

×贸发〔20××〕15号

××省贸易厅:

20××年6月4日凌晨2时40分,我市江南区百货大楼发生重大火灾,经过两个多小时的扑救,于5时将明火扑灭。事故未造成人员伤亡,但该大楼二层经营的商品及柜台、货架、门窗等全部烧毁,直接经济损失达50万元。造成此次重大火灾的直接原因是二楼一个体户经二楼经理同意,从总闸自接线路,夜间没断电而导致电线起火。

这次火灾的发生暴露了该大楼领导对安全管理工作极不重视,内部管理混乱,安全制度不健全,违章作业严重等问题。火灾造成了严重的经济损失,其教训十分深刻。

火灾发生后,市政府、市贸易局十分重视,三次派人员到事故现场进行调查,并对事故进行认真处理,责令该百货大楼二楼经理刘××停职检查,个体户李××罚款××××元,并听候进一步处理。

今后,我们要吸取教训,切实加强对安全工作的领导,尤其要加强对零售企业的安全管理,及时消除各种不安全的因素和隐患,为企业创造良好的经营环境。

××市贸易局(公章)

20××年6月12日

【例文2分析】

这是一篇火灾事故的情况报告。报告的标题以"发文机关+事由+文种"构成,报告正文中写明了火灾事故的原因、经过,造成的后果及处理措施,并总结了一些经验教训。报告以事实为依据,一事一文、重点突出、详略得当。

任务五 请示

任务情境

王伟就职于长安福特公司销售部,升任销售部经理助理的第一天接到销售部经理要求他拟写一则请示的任务。

长安福特汽车服务公司销售部近期销售额大幅下降,致使库存积压较多,资金运作成本和压力较大。经调查分析销售部经理发现,导致销售额下降的主要原因是销售部新手较多、销售技巧欠缺、团队协作销售能力较弱。经过考虑,销售部经理决定选送10名销售人员去东方大学商学院接受为期7天的销售技巧培训。

【思考】王伟写这则请示想达成什么目的?王伟在这则请示中除了要写明选送人员去培训的目的,还应写清楚哪些事情?

任务指南

一、请示的概念

请示适用于向上级机关请求指示、批准事项。这里的上级包括有领导关系与业务指导关系的上级,例如××市交通运输局,受市政府直接领导,同时接受省交通运输厅的业务指导。

二、请示的特点

(一)针对性

只有在本机关单位权限范围内无法决定的重大事项,如机构设置、人事安排、重要决定、重大决策、项目安排等问题,以及在工作中遇到新问题、新情况或克服不了的困难,才可以用"请示"行文,请示上级机关给予指示、决断或答复、批准。因此请示的行文具有很强的针对性。

(二)呈批性

请示是有针对性的上行文,上级机关对呈报的请示事项,无论同意与否,都必须给予明确的"批复"回文。

(三)单一性

请示应一文一事,一般只写一个主送机关,即使需要同时送其他机关,也只能用抄送形式。

(四)时效性

请示是针对本单位当前工作中出现的情况和问题,请求上级机关指示、批准的公文,如能够及时发出，就会使问题得到及时解决。

三、请示的分类

（一）请求指示的请示

请求指示的请示是指当下级机关对上级政策、规定产生疑问或在工作中遇到难以解决的问题时，请求上级机关予以明确答复的公文。请求指示的请示常用于以下四种情况：

（1）上级机关的有关方针、政策、指示或法规、规章不够明确或对其产生疑问，需要上级机关作出明确解释和答复。

（2）根据本地区、本单位的实际情况，需要对上级机关的某项政策、规定做出变通处理，有待上级机关重新审定，明确答复。

（3）遇到新情况、新问题，在有关的方针、政策、规章及上级机关的指示中找不到相应的处理依据，无章可循，因而没有对策，需要上级机关给予指示。

（4）与友邻机关或协作单位在较重大的问题上出现意见分歧时，需要上级机关裁决。

（二）请求批准的请示

请求批准的请示是指当下级机关遇到无权作出决定的事项（如项目立项、人员编制、机构设置、外事活动、换届选举、土地转让等重大问题）时，请求上级机关批准、审定的公文。

请求批准的请示常用于以下两种情况：

（1）请求批准有关规定、方案、规划。下级机关依据有关规章和管理权限制定了某些规定、方案、规划等，请求上级机关批准，以便发布、实施。

（2）请求审批某些项目、指标。下级机关在工作中遇到人、财、物方面的困难时，可提出解决的方案，请求上级机关审核批准并在人、财、物方面给予相应的调配。例如，请求审批基建项目、请求审批购进设备物资、请求增加人员编制等。

四、请示的写作格式

请示由标题、主送机关、正文、落款四个部分构成。

（一）标题

标题的结构形式可以分为以下两种：

（1）发文机关+事由+文种：如《××乡人民政府关于项目用地调整完善土地利用规划的请示》。

（2）事由+文种：如《关于设立对外汉语专业的请示》。

拟制标题时应简明、准确地概括请示的意图，以便上级机关把握要点。

（二）主送机关

主送机关即发文机关或部门的直属上级机关或部门。

（三）正文

正文由主体和结尾两部分构成：

（1）主体：先简要写出请示的理由，然后用"现将有关事项请示如下"等语句过渡到下一段，再写请示的具体事项。需要上级指示的，应写明问题或疑惑；需要上级审批的，应写明具体的处理方案或意见。

（2）结尾：根据内容需要，结尾一般惯用祈请语。祈请语应另起一行书写。例如，写请求指示的请示时，用"可否（妥否、当否），请批示""以上请示，望予审批"等；写请求批转的请示时，用"以上意见如无不妥，请批转……"等。

（四）落款

落款处应写明请示机关或部门名称及成文日期。

五、请示的写作模板

标题		发文机关+事由+文种	
主送机关		上级机关或部门名称	
正文	理由	事实依据或缘由、条件	
	事项	请求指示或批准的具体内容	
	结尾	以祈请语结尾	
落款			发文机关或部门名称（公章） ××××年××月××日

六、请示的写作要求

（一）事前请示

要"事前请示，事后报告"，而不能"先斩后奏"。

（二）一文一事

撰写请示，一定要一文一事，切忌在一篇请示中，同时请示若干个不同性质、不同类别的问题，以避免需要批复的事项不能及时批复而失时误事。

（三）不得越级请示

请示的主送机关必须是与发文机关有直接隶属关系的上级机关。如果是上级机关但不是直接隶属关系的不应直接请示，否则即为越级请示。上级机关对越级行文原则上不予受理。

（四）不得多头请示

一份请示只能有一个主送机关。撰写请示时，一定要根据机关的隶属关系，向上一级主管机关或主管部门行文，切忌多头主送，以免造成责任不明、互相推诿，或领导机关批复的意见不一致、下级机关难以处理执行的现象。如果本机关受双重领导，请示应主送负主要责任的上级机关，对另一机关采取抄送的办法。

（五）语气谦逊

请示需要上级机关批准或指示，所以语气应谦逊平和。一般常用"以上意见当否，请指示"，"以上请求当否，请审查批示"或"当否，请审批"做结。

七、请示的评价标准

项目	评分标准	分值	自评得分	互评得分
格式	文种选择准确无误，按照请示的规范格式书写	20分		
内容	请示理由合理充分	20分		
	请示事项明确，办法或意见合理恰当	20分		
	一文一事，条理清晰	20分		
语言	语言得体，以商洽语气行文	20分		
	总分	100分		

【小贴士】
　　公务文书"请示"的写作，要求材料实事求是、文风求真务实以及注重实效。请结合评价标准如实填写自评结果。

例文赏析

【例文1】

关于暂缓调高旅游专项资金在交通建设附加费中分配比例的请示

×字〔20××〕8号

××市人民政府：

今年4月7日，××市委、市政府《关于加快发展旅游业的决定》(×字〔20××〕8号)，同意建立旅游建设发展专项资金，其部分资金来源于交通建设附加费的分配，并将此分配比例从原来的5%调高到10%。对此，我委认为该措施无疑有利于筹集资金，促进旅游业发展。但当初决定征收旅业交通建设附加费的目的，主要是筹集地铁资金，现要提高旅游专项资金在交通建设附加费中的分配比例，必然会减少地铁资金的来源。地铁工程建设年度投资高达30亿元，筹资任务十分艰巨，而今年地铁资金缺口更大，需开拓更多的资金来源。因此，任何减少筹集地铁资金的做法都会导致工期拖长和投资增大，不利于工程建设。

鉴此，我委建议在地铁建设期内，暂缓调高旅游专项资金在交通建设附加费中的分配比例，仍执行旅游专项资金在交通建设附加费中占5%的分配比例不变。

专此请示，请批复。

××市城乡建设委员会（公章）
20××年××月××日

【例文1分析】

这篇指示性请示针对地铁资金紧缺，难以执行上级"提高旅游专项资金往交通建设附加费中的分配比例"的文件精神，对上级提出"暂缓调高旅游专项资金在交通建设附加费中的分配比例，仍执行旅游专项资金在交通建设附加费中占5%的分配比例不变"的请求，请求的事项明确具体，理由充足，语气谦恭，语言简洁。

【例文2】

××省交通运输厅关于组织公路（水运）工程施工企业"三类人员"考试的请示

×交字〔20××〕70号

××省疫情防控领导小组办公室：

近期广大施工企业在省政府门户网站多次咨询，强烈请求行业主管部门组织"三类人员"考试，为积极回应广大企业的关切和需求，按照公路（水运）工程施工企业"三类人员"申请工作要求，我厅拟定7月25—27日组织全省公路（水运）工程施工企业"三类人员"安全生产知识考试。此次考试企业申请参考人数约3600人。考试共三天时间（每天考4次，每次设7个考场，每个考场约40人），考点设在××交通职业技术学院（××市文景路19号明远楼10楼、11楼），采用交通运输部统一考试系统进行机考，每场考试2小时，300人。

受新冠疫情的影响，今年上半年我厅没有组织"三类人员"考试，近期随着疫情防控常态化和企业复工复产进程加快，为了切实做好企业复工复产服务保障工作，我们将指导考点认真落实疫情防控措施，有序组织"三类人员"考试相关事宜。

妥否，请批示。

××省交通运输厅
20××年7月13日

【例文2分析】

这是一篇批准性请示。在充分说明事由的基础上，提出具体请求事项：拟组织全省公路（水运）工程施工企业"三类人员"安全生产知识考试。行文有理有据，态度恳切，大大增强了获得肯定答复的可能性。

拓展资源/学习资源

请示的写作

任务六 函

任务情境

在长新贸易公司承担财务工作的钟元因表现出色，很快赢得了公司领导的重现和同事的认可。长新贸易公司因为业务原因，需要大量的统计人员，但招聘的统计人员业务水平参差不齐，公司打算对现职统计人员进行集训，但由于力量不足无法操作。钟元在获悉这一情况后，想到自己的母校××职业技术学院财经系每年暑期都会举办统计人员培训班，系统培训统计工作人员，于是向公司建议，请××职业技术学院财经系代培公司统计人员，代培经费由公司拨付。公司认为这一建议可行，就让钟元代表公司与××职业技术学院财经系进行联系，拟派10名统计人员随班学习。

【思考】根据情境你认为钟元应该作哪种类型的函？他需要在函中向××职业技术学院财经系说明哪些事项？咨询哪些事项？请结合前面掌握的知识和相关信息，为钟元拟写一封函。

任务指南

一、函的概念

函适用于不相隶属机关之间商洽工作，询问和答复问题，请求批准和答复审批事项。使用函要符合公文的格式要求。函是15种公文中唯一只用作平行文的文种。

二、函的特点

函的特点有以下三种：

(1) 平等性和沟通性；
(2) 灵活性和广泛性；
(3) 单一性和实用性。

三、函的分类

函按行文方向可分为去函和复函：
(1) 去（来）函：主动提出商洽工作、询问问题、请求批准的函。
(2) 复（答）函：被动答复来函的函。

四、函的写作格式

便函写作形式比较灵活。公函一般由标题、主送机关、正文和落款四个部分构成。

（一）标题

标题有两种格式：
(1) 发文机关名称+事由+文种：如《××市经济委员会关于增加编制的函》《××部人事司关于商调××同志的函》。
(2) 事由+文种：如《关于选拔优秀毕业生继续深造的函》。

（二）主送机关

主送机关即接受函件的机关、单位，应写全称或规范化简称，或同类型机关统称。

（三）正文

正文包括三个部分：

1. 开头

说明发函缘由，即阐明发函的原因、目的或依据。商洽函、询问函和请批函要阐明发函的目的。复函应先写明来函（名称、文号）"收悉"，然后写明答复的依据，最后用"现将有关事项函复如下"等过渡语转入下文。

2. 主体

主要说明致函事项，明确地将问题、要求或答复意见告知对方。函的事项部分内容单一，一函一事。行文要直陈其事，如果内容较多，可分条陈述，使之条理清晰。

3. 结尾

一般可用诸如"盼予复函""请予函告""特此函达，盼蒙允诺""请予审核批准""特此函达""特此函复""特此函告，务请见谅"等习惯语结尾。函的结束语可直接放在行函的事项后，也可提行另写。有些函还可以不用结束语。

各类函的标题、结尾用语示例如下所示。

文种	标题示例	结尾用语示例
商洽函	××关于商洽（合作、协助）××的函	恳请协助； 不知贵方意见如何，请函告； 望协助办理，并请尽快见复
询问函	××关于请回复××（事项）的函	即请函复； 盼予函复
答复函	××（复函机关名称）关于××（答复事项）的复函	特此函复； 特此函达，即希查照
请批函	××关于请求××（事项）的函	请审查，批准

（四）落款

落款处应写明发函机关或部门名称及成文日期。

五、函的写作模板

标题		发文机关+事由+文种
主送机关		受文机关或部门名称
正文	开头	说明发函缘由、目的和依据
	主体	说明致函的事项，告知对方情况、要求或答复意见
	结尾	根据函件种类，选用不同的结语
落款		发文机关或部门名称（公章） ××××年××月××日

六、函的写作要求

（1）要一函一事，切忌一函数事。

（2）要体现平等坦诚的精神，文字恳切得体、简洁朴实，用语谦和有礼，切不可盛气凌人。

七、函的评价标准

项目	评分标准	分值	自评得分	互评得分
格式	文种选择准确无误，按照函的规范格式书写	20分		
内容	致函目的及函的性质一目了然	30分		
	一函一事，针对性强，条理清晰	30分		

续表

项目	评分标准	分值	自评得分	互评得分
语言	语言得体，礼貌谦和，态度诚恳	20分		
总分		100分		

【小贴士】

公务文书"函"的写作，要求材料实事求是、文风求真务实以及注重实效。请结合评价标准如实填写自评结果。

例文赏析

【例文1】

××省××储运公司关于××混凝土搅拌车存在严重问题要求赔偿损失的函

××省汽车贸易中心：

我公司于本年4月25日向贵公司业务一科购买附有商品合格证的××混凝土搅拌车12辆，有发票两张，号码为0437193、1437194，于本年5月14日交货，6月初正式投入营运使用。该批车使用不到三个月，就陆续发现搅拌桶与滚道焊缝出现不同程度的开裂情况。经有关专家及太原市公安局第二检测站检验，认定该批次车存在严重的质量问题，与原供货资料标准不符。我公司已于8月初暂停使用。为此，特与贵公司协商：

一、于本月31日前，派人员来检验质量等问题；

二、重新按质论价，赔偿经济损失，或退货。

希望贵公司讲求信用，按国家有关法律、规定，与我公司共同协商解决上述商品问题。

附件：1. 购车发票两张（复印件）

   2. 太原市公安局检测站检验书

××省××储运公司

20××年8月10日

【例文1分析】

此例文是不相隶属机关之间发的商洽函。标题是三要素写法，即"发文机关+事由+文种"。正文开头交代去函缘由：购车—所购车出现了问题—质检证明属于车本身的质量问题；正文主体提出两条解决问题的措施，立场明确；最后提出希望。本文语言准确、得当。尽管发文机关有理，但仍在正文中运用了"贵公司""协商"的字样，以利于双方心平气和地解决问题。

> 【小贴士】
>
> 公平竞争、社会信用是市场经济的基础制度，不管未来从事何种职业，请在工作中秉承公平竞争、诚实守信的职业理念。

【例文 2】

关于拟录用××××届大学毕业生的函

×字〔20××〕8 号

××省人事厅：

根据中共××省委组织部、××省人事厅《关于××××年省级机关录用应届高校优秀毕业生的通知》规定，我们对拟录用到我厅机关工作的大学毕业生按规定程序进行了统一考试、面试、体检、政审。经厅党组研究，拟录用大学毕业生 24 名。现将有关录用审批材料报上，请审批。

附件：录用审批材料 24 份

××省安全厅（公章）
××××年 3 月 25 日

【例文 3】

关于批准录用×××等××名同志为国家公务员的函

××省安全厅：

你厅《关于拟录用××××届大学毕业生的函》（国安政〔××××〕18 号）收悉。

根据中共××省委组织部、××省人事厅《关于部分省级机关从××××年应届高校毕业生中考试录用国家公务员和机关工作人员的通知》的规定，经考试、考核合格，批准录用×××等××名同志为国家公务员。

特此函复。

附件：录用人员名单

××省人事厅（公章）
××××年 3 月 29 日

【例文 2 和例文 3 分析】

以上两篇例文分别是一去一复的请批函和审批函。请批函正文，语态得体，文字简洁，先写发函的背景、依据，继而写做法、态度，最后结语提出请求。附件 24 份，能够节约正文篇幅，处理得巧妙。审批函正文，先引述来函，作为复函背景、依据；审批事项作为复函重点，依据明确，态度鲜明；以"特此函复"作结。行文简练准确，文字语气合乎批准机关身份。

拓展资源/学习资源

模块三　专业模块

项目七　法规类文书

学习目标

【知识】

了解诉讼程序及诉讼状的适用范围，懂得民事起诉状的一般知识，培养遵纪守法的意识。

【能力】

重点掌握起诉状、答辩状的写作格式以及在语言、内容等方面的写作要求，能根据任务材料写出规范的诉讼状。

培养学生诉讼状的写作能力以及实事求是、求真务实的素养。

【素养】

增强学生的法治观念，使学生主动做社会主义法治的忠实崇尚者、自觉遵守者、坚定捍卫者，并能维护自己在经济活动中的合法权益，解决生活工作中遇到的法律纠纷。

任务一　起诉状

任务情境

毕业生小王在入职前通过房屋中介租赁了一套两室一厅的住房，交付了房租后却被告知房东反悔退租并不赔偿损失。小王准备起诉中介公司和房东。请你代小王撰写一份起诉状。

【小贴士】

我们国家已经踏上了全面建设社会主义现代化国家，向第二个百年奋斗目标进军的新征程，人民群众对法治公平、正义的需求日益增长。在建设中国特色社会主义法治体系的过程中，同时需要广大群众自觉守法、遇事找法解决问题。小王懂得通过法律途径维护自身权益，正是推进全民尊法、学法、守法、用法成效的鲜明体现。

任务指南

一、诉讼程序

一般诉讼程序为：起诉→应诉→庭审→上诉→申请再审和申诉→申请执行。

从审判程序和法律赋予当事人的权利上来区分，诉讼状包括起诉状、答辩状、上诉状和申诉状。

二、起诉状的概念

起诉状是诉讼当事人因自身的合法权益受到侵害，或与他人对有关权利和义务问题发生争执而未能协商解决时，向人民法院提起要求依法审理、裁决时所制作的书状。起诉状主要分为民事起诉状、行政起诉状和刑事自诉状三类，日常工作生活中运用较多的是诉讼状。

在诉讼过程中提出诉讼者，即为原告，被诉讼者为被告。原告诉讼时应向人民法院提交起诉状，并具有正本和副本，其中正本一份，副本数根据被告人数确定，有一个被告就有一份副本。人民法院在收到起诉状并立案后，需将副本送达被告。

起诉状既是原告用以陈述案件的事实过程，表明诉讼的请求和理由，以维护自身合法权益的途径，同时又是人民法院调解或审理案件的基础和凭据。没有起诉状，一审诉讼程序就无从开始。

三、起诉状的特点

（一）显著的告诉性

起诉状的告诉性主要体现为原告为了维护己方的合法权益，就所受伤害或有关权利义务的争议而向法院提出告诉，其目的是要求法院依法裁判。

（二）形式的程式性

其一是制作格式的程式性，其二是使用语言的程式性。

（三）显著的法定性

按照法律规定，起诉人需具有起诉资格，即案件当事人的自身权益受到侵犯已成既定事实时，当事人及其法定代表人才依法拥有起诉权。

四、起诉状的写作格式

起诉状由首部、正文、尾部三个部分组成。

（一）首部

首部包括标题和当事人基本情况两部分。

1. 标题

标题一般反映案件类别和文种，可写成"起诉状"。

2. 当事人基本情况

当事人包括原告和被告，先写原告，后写被告。当事人是公民的，分段依次写明姓名、性别、年龄、民族、籍贯、职业、工作单位和住址等；当事人是法人的，写明其名称、地址，另起一行写明法定代表人的姓名、职务、电话等。凡有诉讼代理人的，另起一行写明其姓名、单位、职务，或者与当事人的关系等。

（二）正文

正文包括诉讼请求、事实和理由、证据和证据来源三个部分。

1. 诉讼请求

诉讼请求是原告提起诉讼要达到的根本目的，即向人民法院提出解决纠纷的意见和要求。要写得明确、具体、合法，各自独立的请求事项要分条列出。最后一项通常为诉讼费用的负担要求。

2. 事实和理由

事实和理由是起诉状的核心内容，是原告提起诉讼，请求人民法院受理案件和依法审判的重要依据。事实应写明原告合法权益受到侵害和与他人发生争议的具体事实，包括纠纷发生的时间、地点、涉及的人物、起因、过程和结果等。叙述事实时要分清主次、突出重点，并明确双方争执的焦点。理由是在讲清事实的基础上分析纠纷的性质以及被告应承担的法律责任。阐述理由要有针对性地引用法律条文，分清是非责任，以论证其诉讼请求的合理合法。

3. 证据和证据来源

证据和证据来源是向人民法院提供有关证据，以证明事实和理由的可靠性。一般分条列出证据来源、证人姓名和住址等。有的证据如物证、书证比较简单，可作附件处理。起诉人负有举证责任，诉状中所叙述的主要事实，都要列举相应的证据。

（三）尾部

尾部包括致送人民法院名称、附件、起诉人名章、具状时间。写明起诉状所致送的人民法院名称，格式为"此致××人民法院"，分两行书写。附件写明起诉状副本份数、证据名称和数量等。最后起诉人署名盖章，下行写明具状时间。如由律师代书，应在起诉人之后写明律师的姓名、工作单位和职务。

五、起诉状的写作模板

民事起诉状

原告信息……
被告信息……

诉讼请求

……

事实与理由（援引法律依据）

......

证据和证据来源

......

此致
××人民法院

起诉人：×××
××××年××月××日

附件：本状副本×份

六、起诉状的写作要求

（1）请求事项要简洁、明确、合理可行。起诉状要把起诉的主要请求具体、明确地反映出来，才能使人民法院及时准确地了解原告的请求，也有利于人民法院公平审理、解决问题。

（2）陈述事实要求实事求是、重点突出、层次清楚。起诉状必须以事实为基础，任意夸大、缩小甚至歪曲事实，都会影响其说服力，从而影响原告维护自身的合法权益。

（3）阐述理由要中肯，援引法律要准确。起诉状要以法学理论或法律条文作依据，才能确立其诉讼请求的合法性，进而达到诉讼的目的。

七、起诉状的评价标准

项目	评分标准	分值	自评得分	互评得分
格式	文种选择正确，能按照起诉状的规范格式书写	20分		
内容	起诉状各部分内容齐全，请求合理	20分		
	援引法律条文正确清楚、切实可行，证据充分	20分		
	重点突出、详略得当，能具体表述案件过程及诉求	20分		
语言	语言得体，符合法律文书的表达要求，严谨准确	20分		
	总分	100分		

例文赏析

民事起诉状

原告：×××，住所地××××××××，联系电话××××××××××××。

法定代表人：×××，职务：×××。

被告：×××，住所地××××××××，联系电话×××××××××××。

法定代表人：×××，职务：×××。

诉讼请求

一、请求依法判令被告向原告支付货款人民币×××元；

二、请求依法判令被告向原告支付逾期付款加价款人民币×××元（暂截止计算至2022年4月15日），以及以53吨为基数，按照2.3元/吨/天计算，自2022年4月16日至实际清偿之日产生的加价款；

三、请求依法判决被告承担本案诉讼费、保全费、购买保函的费用等（暂截至2020年12月31日，以上共计×××元）。

事实和理由

原被告于2020年1月5日签订《采购合同》，约定由原告向被告供应钢材。《采购合同》签订后，2020年1月5日至2021年12月31日期间，原告应被告供货需求依约向被告供应钢材八批次，共计供货53吨，累计供应钢材货款达人民币×××元，并按时开具了增值税发票。

供货完毕后被告共向原告支付货款人民币×××万元，目前仍欠付原告货款本金计人民币×××元。根据《采购合同》第九条第3款第（2）项约定"①甲方收到乙方材料后15天内向乙方付款。②自甲方收到乙方材料后第16天起，每逾期一天每吨材料货款增加2元。③自甲方收到乙方材料60天后，每逾期一天每吨材料货款增加2.3元"，原告有权要求被告依据合同约定支付货款本金及加价款。

以上欠付货款本金及加价款虽经原告多次催讨，被告仍拖延拒付，截至起诉之日，被告欠付货款本金达×××元。

综上，原被告双方之间的权利义务明确，原告已依合同约定全面履行了合同义务，但被告拒不履行付款义务，长期拖欠原告货款，其违约行为已给原告造成了巨大损失。原告有权根据双方签订的《采购合同》以及《民法典》第五百九十五条之规定，要求被告立即偿还欠付货款并向原告承担违约责任。

为维护自身权益，现原告依法提起诉讼，请求法院裁判支持原告的全部诉讼请求。

此致

××市××区人民法院

起诉人：×××

2022年4月15日

【例文分析】

该起诉状是由建筑工程合同采购引发的矛盾纠纷，诉讼请求是要求人民法院判决被告偿还欠付货款，事实和理由部分陈述清晰，援引法律准确中肯，为审理案件提供了全面可靠的基础。该起诉状诉讼请求清楚合理，结构及内容统一和谐，是一篇规范的民事起诉状，弘扬了社会主义法治精神，值得初学者借鉴学习。

拓展资源/学习资源

起诉状

任务二　答辩状

任务情境

毕业生小王在入职前通过房屋中介租赁了一套两室一厅的住房，交付了房租后却被告知房东反悔退租并不赔偿损失。小王起诉了房屋中介公司和房东，但房屋中介公司认为是房东反悔，其自身未存在违约或欺骗行为，不应偿付法律责任。请你代房屋中介公司撰写答辩状。

【小贴士】
　　经济社会各类活动以诚信守纪为合作发展的基础，自觉运用法律约束经济活动有利于推动明大德、守公德、严私德。

任务指南

一、答辩状的概念

答辩状是诉讼案件的被告人或被上诉人针对原告起诉的事实和理由、上诉人上诉的理由和请求，依法进行答复和辩驳的书状。它是与起诉状和上诉状相对应的书状。

答辩是一种应诉行为，是法律赋予被告人和被上诉人的诉讼权利。它有利于维护被告人、被上诉人的合法权益，同时有利于人民法院全面了解诉讼双方的意见、要求，全面公正地审理案件。

二、答辩状的特点

（一）辩驳性

答辩人为了维护其合法权益，根据当事人诉讼权利平等的原则，通过提交答辩状，对起诉状或上诉状所列的指控及其事实与理由，进行有针对性的答复、反驳和辩解，以使对方败诉。

（二）针对性

答辩状必须针对起诉状或上诉状提出的问题进行回答，针对案情中足以使对方败诉的焦点，寻找新的、有力的事实和证据进行答复和辩解。

（三）说理性

法院的判决和裁定，是以法律为准绳，因此撰写答辩状时应当熟练运用有关法律条文，使自己的理由和主张建立在合法基础上。同时，要揭露起诉状或上诉状中引用法律的谬误，指出其行为的不合法性，做到以事明理、以理服人。在语言方面，应针锋相对，犀利尖锐，但不可歪曲事实真相、强词夺理。

三、答辩状的写作格式

答辩状包括标题、首部、正文和尾部四个部分。

（一）标题

标题写明××答辩状，也可省略其性质，写为"答辩状"。如在二审程序中，则应写明"上诉答辩状"。

（二）首部

首部包括答辩人基本情况。答辩人基本情况的信息内容、结构写法与起诉状相同。可不列出被答辩人。如有委托代理人，还需写出代理人的相关信息及基本情况。

（三）正文

正文包括答辩事由、答辩理由、答辩意见三项内容，其中答辩理由是中心。

1. 答辩事由

答辩事由应写明针对何人起诉或上诉的何案件进行答辩。一审答辩状一般表述为"因××（原告）诉×××（被告）……一案，现提出答辩如下"；二审答辩状表述为："因上诉人×××（姓名）不服××人民法院（年份）×字第×号判决，提起上诉，现提出答辩如下"。

2. 答辩理由

答辩理由是答辩状的主体部分，应针对原告在起诉状或上诉人在上诉状中提出的事实、理由和请求进行答辩，提出与起诉状或上诉状相反的事实、证据和法律依据。

答辩理由可说明事实、列举新的证据或引用法律法规，重在驳斥对方诉讼请求的不合理性，论证自己辩护的正确性及行为的合法性。具体写法可分类型处理：若起诉事实不实，可着重叙述真实情况；若起诉超过法定诉讼有效期限的，可以重点分析原告的起诉超过诉讼有效期，已经丧失实体诉权的理由；若原告资格不合格，则重点分析原告的资格问题。但不能强词夺理，脱离法律和事实依据进行诡辩或强辩。

二审答辩状的写法主要采用反驳，根据一审法院查明条件事实和审理情况，对上诉理由逐一反驳。

3. 答辩意见

答辩意见是根据答辩理由得出的结论，可表述为"基于以上事实和理由，请求××人民法院驳回原告的全部请求"；二审答辩状可表述为"请详查事实，予以公正审理"。

（四）尾部

尾部写明受理诉讼的人民法院名称。附件写明答辩状副本份数、证据名称和数量等。答辩人署名盖章，写明答辩日期。如系律师代书，则写明其姓名和工作单位。

四、答辩状的写作模板

答辩状

答辩人基本情况：
法定代表人：
委托代理人：

答辩事由
……
答辩理由
……
答辩意见
……

此致
××人民法院

答辩人：×××
××××年××月××日

附件：1. 本状副本×份
　　　2. 证据及数量

五、答辩状的写作要求

（一）尊重法律及客观事实

撰写答辩状的前提是要熟悉相关法律条文，才能准确引用，达到为自己辩护的目的。同时，应尊重客观事实，如实、全面地反映案情，不能隐瞒、掩饰甚至歪曲事实，更不能无理诡辩。

（二）紧扣争议的焦点来答辩

答辩状是针对起诉状或上诉状辩驳的，应抓住双方当事人在纠纷中的争议焦点，以事实和证据为依据，以法律为准绳进行反驳，既不能面面俱到、随意发挥，又不能回避焦点、纠缠枝节。

（三）答辩请求要合情合理

答辩状要抓住诉讼关键点，以解决问题的态度，摆事实，讲道理，提出的请求应合理可行,不能感情用事。

(四) 答辩具有时效性

《中华人民共和国民事诉讼法》第一百二十八条规定,"人民法院应当在立案之日起五日内将起诉状副本发送被告,被告应当在收到之日起十五日内提出答辩状。答辩状应当记明被告的姓名、性别、年龄、民族、职业、工作单位、住所、联系方式;法人或者其他组织的名称、住所和法定代表人或者主要负责人的姓名、职务、联系方式。人民法院应当在收到答辩状之日起五日内将答辩状副本发送原告。"第二百七十六条规定,"在中华人民共和国领域内没有住所的当事人,不服第一审人民法院判决、裁定的,有权在判决书、裁定书送达之日起三十日内提起上诉。被上诉人在收到上诉状副本后,应当在三十日内提出答辩状。当事人不能在法定期间提起上诉或者提出答辩状,申请延期的,是否准许,由人民法院决定。"《中华人民共和国行政诉讼法》第六十七条规定,"人民法院应当在立案之日起五日内,将起诉状副本发送被告。被告应当在收到起诉状副本之日起十五日内向人民法院提交作出行政行为的证据和所依据的规范性文件,并提出答辩状。人民法院应当在收到答辩状之日起五日内,将答辩状副本发送原告。"

六、答辩状的评价标准

项目	评分标准	分值	自评得分	互评得分
格式	文种选择正确,能按照答辩状的规范格式书写	20分		
内容	答辩状各部分内容齐全,陈述案情事由合理	20分		
	援引法律条文正确清楚、切实可行,证据充分	20分		
	重点突出、详略得当,能具体表述案件过程及答辩理由	20分		
语言	语言得体,符合法律文书的表达要求,严谨准确	20分		
	总分	100分		

例文赏析

答辩状

答辩人:×××,住所地×××。　　法定代表人:×××,职务×××。
被答辩人:×××,住所地×××。　法定代表人:×××,职务×××。

答辩人就与被答辩人《融资租赁合同》纠纷一案,答辩人作为第三人,答辩如下:

涉诉合同名为《融资租赁合同》及两份《补充协议》实为金融借款合同。因A公司属于非银行类金融机构,无权从事金融贷款业务,所以本案融资租赁交易应属于金融借款法律关系,贵院应当认定案涉《融资租赁合同》及两份《补充协议》无效。被答辩人不应享有B公司在答辩人已产生及将产生的应收账款的优先受偿权。

根据融资租赁合同的特征,不需要承租人归还融资本金,只需按期支付租金,且每期归还数额大致相等，以此与金融贷款业务相区别。虽案涉《融资租赁合同》及两份《补充协议》还款名义上约定为租金，但不仅约定了固定利率，并且约定了支付方式为等额本息，上述约定完全不符合融资租赁合同的特征和法律规定。第一被告与被答辩人A公司之间实际上是金融借贷关系，案涉《融资租赁合同》及两份《补充协议》应属无效。依据《民法典》第三百八十八条"设立担保物权，应当依照本法和其他法律的规定订立担保合同。担保合同包括抵押合同、质押合同和其他具有担保功能的合同。担保合同是主债权债务合同的从合同。主债权债务合同无效的，担保合同无效，但是法律另有规定的除外"的规定，被答辩人不应享有B公司在答辩人已产生及将产生的应收账款的优先受偿权。

《融资租赁合同》及两份《补充协议》中已明确约定了利息，被答辩人所诉请的违约金约定过高，被答辩人诉请×××万元违约金不应予以支持。

案涉《融资租赁合同》及两份《补充协议》中租金金额已经根据购买租赁物的全部成本以及被答辩人的合理利润确定，即租金当中包括租赁物购买款项、利益及其他成本。故被答辩人诉请违约金请求应当予以驳回。即使应当支持其违约金请求，因被答辩人已在案涉《融资租赁合同》及两份《补充协议》中确定了合理利润，被答辩人因此造成的损失也没有如此之大，故被答辩人诉请按照日万分之五计算违约金约定明显过高，根据《民法典》第五百八十五条："当事人可以约定一方违约时应当根据违约情况向对方支付一定数额的违约金，也可以约定因违约产生的损失赔偿额的计算方法。约定的违约金低于造成的损失的，人民法院或者仲裁机构可以根据当事人的请求予以增加；约定的违约金过分高于造成的损失的，人民法院或者仲裁机构可以根据当事人的请求予以适当减少"的规定，答辩人请求贵院依法予以减少，最多仅应参照中国人民银行授权全国银行间同业拆借中心公布的一年期贷款市场报价利率（LPR）年利率3.85%为标准计算违约金。

综上，答辩人认为涉诉合同名为《融资租赁合同》及两份《补充协议》实为金融借款合同，贵院应当认定案涉《融资租赁合同》及两份《补充协议》无效，答辩人不应对此租金承担连带保证责任。即便案涉《融资租赁合同》及两份《补充协议》有效，被答辩人所诉请的违约金约定过高、答辩人主张支付未到期租金的条件尚未达成，答辩人亦不应对此承担质押担保责任。

请贵院查明事实，驳回被答辩人诉请。

此致
××市××区人民法院

答辩人：×××
2021年12月20日

【例文分析】

该答辩状能准确结合起诉状的诉讼内容进行驳斥、应答，援引的法律条文清晰有效、较为规范，学会写诉讼文书有利于同学们增强法治观念，更有利于促进提升社会治理法治化水平。

拓展资源/学习资源

答辩状

任务三 规章制度

任务情境

小王毕业后进入公司实习,领导让其完善新进职工实习管理制度,以此来熟悉公司管理规定和工作纪律。请你代小王制定一份公司管理制度。

> 【小贴士】
> 没有规矩,不成方圆。履职责、抓工作必须照规范来、按规矩办,这是做好各项工作的基本要求,更是年轻人初入职场的基本素养。定规矩,就是要落实有明确规范的事情,约束不合规范的事情;讲规范,就是要不折不扣贯彻执行各项要求规范。

任务指南

一、规章制度的概念

规章制度是国家机关、社会团体、企事业单位或人民群众在遵守国家法律、法规的情况下,为了工作需要而制定的有关工作、活动和行为的规范要求。规章制度具有法规性、指导性与约束力,是各种行政法规、章程、制度、公约的总称。

规章制度的适用范围特别广泛,上至国家机关、社会团体,下至各行各业部门、小组。规章制度对社会经济、文化发展、公共秩序维护都起着重要作用,因此,我们必须要了解它的格式和写法。

二、规章制度的特点

(一)严肃性

规章制度必须依据相关法规政策,做到有法可依、有章可循。规章制度是法定职责的具体体现，也是本级机关权力意志、管理要求的反映。

（二）约束力

规章制度一经正式公布，有关人员就必须严格执行，不允许出现违规行为，否则将受到相应的处分、处罚或公共谴责。

（三）严谨性

规章制度的制定要全面细致、严谨清晰，要明确规定什么可以做、什么不可以做。内容上要做到没有遗漏；表达上要措辞严谨，不含混模糊。

三、规章制度的分类

规章制度包括行政法规、章程、制度、公约四大类。不同的类别，反映不同的工作要求，适用于不同的范围，起到不同的作用。

（一）行政法规类

1. 规定

规定是为实施贯彻有关法律、法令和条例，根据其规定和授权，对有关工作或事项作出局部的、具体的规定。它是法律、政策、方针的具体化形式，是处理问题的法则。规定主要用于明确提出对国家或某一地区的政治经济和社会发展的某一方面或某些重大事故的管理或限制。规定的制发者是国务院各部委、各级人民政府及所属机构，规定重在强制约束性。例如，《中国共产党组织处理规定（试行）》《公务员考核规定》。

2. 办法

办法是对有关法令、条例、规章提出具体可行的实施措施，是对国家或某一地区政治、经济和社会发展的有关工作、有关事项的具体办理、实施提出切实可行的措施。办法的制发者是国务院各部委、各级人民政府及所属机构，其重在可操作性。例如，《××职业技术学院教材管理办法（试行）》《××职业技术学院学生职业技能竞赛管理办法（修订）》。

3. 条例

条例是具有法律性质的文件，是对有关法律、法令进行辅助性、阐释性的说明和规定；是对国家或某一地区政治、经济、科技等领域的某些重大事项的管理和处置给出比较全面、系统的规定；是对某机关、组织的机构设置、组织办法、人员配备、任务职权、工作原则、工作秩序和法律责任作出规定或对某类专门人员的任务、职责、义务权利、奖惩系统的规定。它的制发者是国家最高权力机关、最高行政机关（国务院各部委和地方人民政府制定的规章不得称"条例"）。例如，《中国共产党纪律处分条例》《失业保险条例》。

4. 细则

细则是为实施"条例""规定""办法"而制定的详细、具体或补充的规定，对贯彻方针、政策起具体说明和指导的作用。它的制发者是国务院各部委、各级人民政府及所属机关。例如，《校级科研项目管理细则（修订）》《××市高层次人才分级分类确认实施细则》。

（二）章程类

章程是组织、社团经特定的程序制定的关于组织规程和办事规则的规范性文书，是纲领性的规章制度，具有准则性与约束性的作用。章程与规则的关系类似于宪法和法律。例如，《中国共产党章程》。

（三）制度类

1. 守则

守则是机关团体、企事业单位要求其成员遵守的行为准则，它倡导有关人员遵守一定的行为、品德规范。它的制发者是机关团体、企事业单位及其部门。例如，《××市城市轨道交通乘客守则（征求意见稿）》《高等学校学生守则》。

2. 须知

须知是有关单位、部门为了维护正常秩序，搞好某项具体活动，完成某项工作而制定的具有指导性、规定性的守则。它的制发者是有关单位、部门。例如，《××市第三医院疫情防控期间患者就诊须知》。

3. 制度

制度是有关单位和部门制定的要求所属人员共同遵守的准则，是机关单位对某项具体工作、具体事项制定的必须遵守的行为规范。它的制发者是机关团体、企事业单位及其部门。例如，《二级学院（教学部）党政联席会议制度》《××省行政管理制度》。

4. 规则

规则是机关单位为维护劳动纪律和公共利益而制定的要求大家遵守的工作原则、方法和手续等的条规。它的制发者是机关团体、企事业单位及其部门。例如，《××职业技术学院学报编委会工作规则》《××省人民政府工作规则（试行）》。

5. 规程

规程是生产单位或科研机构，为了保证质量，使工作、试验、生产按程序进行而制定的一些具体规定。它的制发者是机关团体、企事业单位及其部门。例如，《××省最低生活保障工作规程》《××省发展党员工作规程（试行）》。

（四）公约类

公约是人民群众或社会团体经协商决议而制定出的共同遵守的准则；是人们为了维护公共秩序，经集体讨论，把约定要做到的事情或不应做的事情、应该宣传的事情或必须反对的事情明确写成条文，作为共同遵守的事项。它的制发者是人民群众、社会团体。例如，《"十四运"东道主文明公约》《××市民文明公约》。

四、规章制度的写作格式

规章制度通常由标题和正文两部分组成。

（一）标题

标题由制定机关、事由和文种组成，如《××职业技术学院课程考核与成绩管理办法》。

（二）正文

1. 开头

开头部分写明依据、目的、意义、指导思想、适用原则等说明性文字。如"为制止低价倾销工业品的不正当价格行为,维护公平、公开、合法的市场竞争和正常的价格秩序,维护国家利益,保护经营者和消费者的合法权益,根据《中华人民共和国价格法》及国家其他有关法律,制定本规定。"

2. 主体

主体部分写明法规的具体条款,内容复杂的可分章节,简单的可直接分条列项书写。

(1)分章列条式,即将规章制度的内容分成若干章,每章又分若干条。第一章是总则,中间各章是分则,最后一章是附则。总则一般写原则性、普遍性、共同性的内容;分则指接在总则之后的具体内容,通常按事物间的逻辑顺序,或按各部分内容的联系,或按工作活动程序以及惯例分条列项,集中编排;附则包括的内容有施行程序与方式、有关说明、施行日期。

(2)条款式,适用于内容比较简单的规章制度,只分条目不分章节。一般开头说明缘由、目的、要求等,主体部分分条列出规章制度的具体内容。第一条相当于分章列条式写法的总则,最后一条相当于附则。

3. 结尾

结尾部分说明实施日期、执行权、解释权及其他未尽事宜的解决办法。

五、规章制度的写作模板

××××制度/守则/办法

第一章　总　则

第一条　制定本制度的原因、目的
第二条　……

第二章

第三条
(一)……
(二)……

第×章　附　则

第××条　本办法由××部门负责解释。
第××条　本办法自印发之日起施行。

六、规章制度的写作要求

(一)建章立制的权威性

规章制度属于机关事务文书,对一个单位、部门来说,具有行政强制性。为了维护规章制度的权威性，起草时必须做到"三明确"：一要明确领导意图；二要明确行文基调；三要明确制发背景。有时，一种规章制度中会涉及好几个方面的内容，面对同一个问题或情况的管理又可能涉及好几种不同的规章制度，这就需要从各方面考虑内容的制约和平衡，用好有关参考资料。要做到这些，规章制度才会有可执行性。

（二）条文内容的可行性

规章制度是要在工作中具体执行落实的，其内容必须准确、规范，有可行性。

1. 针对性

内容是规章制度的内核和基础，除了必须真实准确，还必须有明确的指向性。只有从本单位的实际出发，写出具有针对性的制度和规定，才会言之能行，行之有效。

2. 依据性

从某种意义上说，规章制度是法律法规和政策条文的延伸或细化，它必然具有强制性特征。因此，任何规章制度都必须有法律依据或政策依据，必须符合党和国家的政策、法令，不允许与之相抵触或违背。为了显示内容的严肃性，有的规章制度还应在文中写明批准和公布机关，写明规章制度生效的日期，以及本规章的修改权和解释权。

3. 协调性

为确保规章制度的可行性，写作时必须注意与同类规章制度的联系与协调。

（三）语言表述的规范性

规章制度属于法规性文书，具有一定的约束力，因而其文字表述必须严谨、周密、规范，既要体现严肃性，又要考虑稳定性。

（四）定稿过程的完整性

规章制度的写作通常都要经过多次反复认真的推敲、修改、酌定或试验、实证。一些重要的规章制度成形后，先要制成讨论稿，发至有关部门和单位，发给有关同志，经过有关会议或有关部门的认真讨论、逐条审议修改后，方能定稿。

七、规章制度的评价标准

项目	评分标准	分值	自评得分	互评得分
格式	能体现规章制度的规范格式	20分		
内容	内容有明确的指向性，可体现对业务或管理活动的规范约束作用	30分		
内容	重点突出，详略得当，具体全面	30分		
语言	语言得体，严谨准确、清楚无歧义	20分		
	总分	100分		

例文赏析

××职业技术学院学生奖励办法

第一章 总 则

第一条 为激励××职业技术学院（以下简称学校）学生提高综合素质，嘉奖热爱祖国、勤奋学习、乐于奉献、勇于创新的学生，培养德、智、体、美、劳等方面全面发展的社会主义建设者和接班人，根据《普通高等学校学生管理规定》（中华人民共和国教育部令第41号）、《××职业技术学院学生管理规定》，结合学校实际，制定本办法。

第二条 本办法中的学生是指学校全日制在籍学生。

第二章 学生奖励的种类

第三条 学校面向学生设立以下奖项：
（一）三好学生奖；
（二）优秀学生干部奖；
（三）优秀毕业生奖；
（四）学习优秀奖；
（五）学习进步奖；
（六）科技文体活动奖；
（七）先进班集体奖。

第四条 国家、省级教育部门，行业协会或企事业单位设立的奖项：
（一）国家奖学金；
（二）吴福—振华交通教育奖励基金优秀学生奖；
（三）省级三好学生、优秀学生干部奖；
（四）省级优秀毕业生奖；
（五）企事业单位设立的奖学金。

第三章 学生奖励评选条件

第五条 三好学生奖：
（一）三好学生奖分为三好优秀生奖（标兵）、校级三好学生奖和院级三好学生奖三种。
（二）三好学生奖的基本评选条件：拥护中国共产党领导，努力学习马克思列宁主义、毛泽东思想、邓小平理论、"三个代表"重要思想、科学发展观、习近平新时代中国特色社会主义思想，坚定中国特色社会主义道路自信、理论自信、制度自信、文化自信，树立中国特色社会主义共同理想，有优良的道德品质和良好的文明行为，遵守和执行学校有关规定，积极参加各种社会活动，团结互助，尊师爱校。

已获评校文明学生。

热爱所学专业，勤奋学习，学习成绩优良，本学年无补考记录。

积极参加社会实践活动和科技文化创新活动。积极参加体育锻炼和文体活动，有健康的体魄、文明习惯及良好的心理素质，达到学校规定的体育锻炼标准。

（三）三好优秀生（标兵）应满足下列条件：

满足三好学生奖的基本评选条件，并在思想、道德品质等方面获得公认好评。学习成绩优秀，全年各科成绩平均分达到90分以上，单科考试成绩不低于85分，考查课成绩均达到合格，个人量化考核在110分以上。

（四）校级三好学生奖应满足下列条件：

满足三好学生奖的基本评选条件。学习成绩优良，全年各科成绩平均分达到80分以上，单科成绩不低于75分，考查课成绩均达到合格，个人量化考核在110分以上。

（五）院级三好学生奖应满足下列条件：

满足三好学生奖的基本评选条件。学习成绩优秀，全年各科成绩平均分达到75分以上，单科成绩不低于70分，考查课成绩均达到合格，个人量化考核在100分以上。

第六条　优秀学生干部奖评选条件：

（一）优秀学生干部的评选对象是校、院两级学生会及班委系列学生干部、共青团系列学生干部；

（二）政治素质高，道德品质好；以身作则，遵守国家法律和学校各项规章制度；学业成绩优良，无违纪行为，未受过任何违纪处分；全心全意为同学服务，甘于奉献；有较强的组织领导能力，具有团结协作精神；有较强的责任感和创新精神（附个人单行材料一份）；

（三）已获评校文明学生，个人量化分在110分以上；

（四）学习目的明确，成绩优良，能处理好学习与工作的关系，本学年所学课程成绩平均分在75以上，单科成绩合格。

第七条　学习优秀奖评选条件：

（一）遵纪守法，尊师爱校，团结互助，注意品行修养，积极参加集体活动；

（二）学习成绩在本专业名列前茅，善于学习和吸收新的知识，有较强的分析问题解决问题的能力；

（三）已获评校文明学生，个人量化分在100分以上；

（四）学习优秀奖分为甲、乙、丙三个等级，前一学期考试课平均成绩全部在80分以上，单科不低于70分，考查课全部合格。

学习优秀奖评选条件

	等级	平均成绩	单科成绩	比例
学习优秀奖	甲等	90分以上	80分以上	2%以内
	乙等	85分以上	75分以上	3%以内
	丙等	80分以上	70分以上	6%以内
备注	甲、乙等奖学金严格按比例评选，丙等奖学金可放大比例，总比例不超过11%			

第八条 学习进步奖评选条件：

（一）热爱祖国，拥护中国共产党的领导，自觉遵守国家法律法规和社会公德，执行学校各项规章制度；

（二）思想积极进步，积极参加各种社会活动，关心集体，团结同学，诚实守信，乐于助人，道德品质优良；

（三）学习勤奋、刻苦，学习成绩进步显著，每学期智育成绩专业排名较上一学期排名进步幅度≥50%；

（四）未享受学习优秀奖；

（五）已获评校文明学生，个人量化分在100分以上。

第九条 优秀毕业生评选条件：

（一）具有坚定正确的政治方向、优良的道德品质和良好的文明行为，模范遵守和执行学校相关规定，积极参加各种社会活动，团结互助、尊师爱校；

（二）已获评校文明学生，在校期间未受过任何纪律处分；

（三）优秀毕业生的评定以专业为单位，综合量化成绩排名位于本专业前10%。综合量化成绩排名计算方法如下：

综合分=个人量化考核分+学生智育得分+学生干部（社会工作）成绩

个人量化考核分=20×该生量化合计得分/专业最高得分

学生智育得分=75×该生实际得分/专业最高得分

学生干部（社会工作）成绩=5×学生干部考评成绩/满分

其中考查课折合标准为：优秀=90分；良好=80分；中等（合格）=75分；及格=60分；不合格=0分。

第十条 科技文体活动奖评选条件：为了激励学生在科技、文化、体育等方面全面发展，鼓励有一技之长的学生或集体为学校的发展贡献聪明才智，特设立此奖。

（一）优秀个人评选条件：

已获评校文明学生，有良好的思想素质和品质。

遵守各项规章制度，本学年无违纪现象，学习成绩优良，全学年无补考科目。

在校级以上（含校级）科技文化体育的比赛中或创新活动中成绩突出，为学校赢得荣誉，或在科技文体活动中做出较大贡献。

（二）优秀集体评选条件：

校、院内合法的学生社团组织或学校组队参加的各种竞赛队伍。

所有成员无违反校纪现象，在校级以上（含校级）科技文化体育的比赛中或创新活动中成绩突出，为学校赢得荣誉，或在科技文体活动中做出较大贡献。

第十一条 先进班集体评选条件：

（一）班级量化考核位于本院前30%或位于年级量化考核前30%。

（二）遵守国家法律、法规及学校各项规章制度，无违法违纪现象，无安全事故。

（三）班委会、团支部组织健全，班团生活制度化（包括周点名制度、周宿舍检查制度、班团例会制度）并能严格执行；班团干部能以身作则，团结协作积极努力地开展各项工作；班团工作资料齐全、成绩显著。

（四）班集体凝聚力强，能积极参加校（院）组织的各种集体活动，按要求出勤率达到90%以上；积极开展"文明班级"的创建活动，成绩显著；教室和宿舍卫生整洁；全班同学积极上进、爱国爱校，对任何不利于安定团结的因素能及时反映并制止。

（五）班级学习风气浓，学习成绩突出，能积极开展各种有益的群众性科技、文化、娱乐及体育活动，在校（院）组织的各种竞赛中成绩突出。

第十二条　国家、省级教育部门，行业协会或企事业单位设立的奖项，其评选条件根据奖项相关文件和协议执行。

第四章　学生奖励金及评选时间

第十三条　学生奖励评选的时间：

（一）国家奖学金每学年评选一次，一般在每年10月份评选；

（二）三好学生奖、优秀学生干部奖、优秀毕业生奖、科技文体活动奖、先进班集体奖、高考优秀生奖每学年评选一次，一般在每年9月份评选；

（三）学习优秀奖、学习进步奖每学期评选一次，一般在每年3月、9月份评选；

（四）国家、省级教育部门、行业协会、其他机构、企事业单位在我校设立的奖项（吴福—振华奖学金、国家励志奖学金、助学金、省级优秀学生干部奖、省级优秀毕业生奖、企业冠名奖学金等）根据相关文件或签订的协议执行。

第十四条　学生奖励金及比例如下表所示。

奖项	等级	荣誉称号	奖金	比例
国家奖学金			8000元	根据上级文件执行
吴福—振华奖学金		吴福—振华交通教育基金	3000元	根据上级文件执行
三好学生奖	三好优秀生奖	三好优秀生	1500元	0.5%以内
	校级三好学生奖	校级三好学生	800元	3%以内
	院级三好学生奖	院级三好学生	400元	5%以内
优秀学生干部奖	优秀学生干部	优秀学生干部	800元	13%以内
学习优秀奖	甲等	学习优秀生	500元	2%以内
	乙等	学习优秀生	400元	3%以内
	丙等	学习优秀生	200元	6%以内
学习进步奖		学习进步生	200元	排名进步幅度≥50%
优秀毕业生奖		优秀毕业生		10%以内

续表

奖项	等级	荣誉称号	奖金	比例
科技文体活动奖	科技文体活动优秀个人奖	科技文体活动优秀个人	400元	
	科技文体活动优秀集体奖	科技文体活动优秀集体	800元	
先进班集体奖		先进班集体	1000元	15%以内

第五章 学生奖励评选程序

第十五条 学校内部奖励分学生个人优秀奖和优秀集体奖。

学生个人优秀奖项由本人所在班级或社团组织向所在二级学院提出申请（附个人单行材料或成绩单），经各二级学院初审、公示，无异议后，报学生处审核，上报学校批准。

优秀集体奖均由各社团组织或班集体向所属二级学院或部门提出申请（附先进单行材料一份），经二级学院（部门）初审，公示无异议后报学生处审核，上报学校批准。

第十六条 学生及学生集体取得某一荣誉后，若有违纪违法行为者，自处分决定书生效之日起，由各二级学院或学生处提出，经校长或校长授权的专门会议研究决定，撤销其获奖称号并没收当年所发的奖金。

第十七条 学校、二级学院学生奖励评选结果应予以公示，接受广大师生的监督，公示时间一般不得少于三天。

第六章 学生奖励与表彰

第十八条 根据学校学生奖励评选相关条件评出优秀集体和个人，学校将采用以下方式予以表彰（其他教育部门或企事业单位设立的奖项按照文件或协议执行）：

（一）授予荣誉称号；
（二）喜报；
（三）颁发奖章、证书或奖状；
（四）颁发奖学金、奖金或奖品。

第十九条 校内的三好学生奖、优秀学生干部奖、科技文体活动奖、先进班集体奖等奖项的评选按照评选条件进行，学习成绩以前一学年考试考查课成绩为依据，学习优秀奖以前一学期的成绩为依据，优秀毕业生奖以在校期间各学年的成绩为依据。

第七章 附 则

第二十条 本办法由学校学生处负责解释。

第二十一条 本办法自印发之日起施行。

【例文分析】

本文是一所高职院校的奖励办法，内容以学生奖学金的奖励标准、层级、规定为主。明确了各类各级奖励的要求，条理清晰，标准全面规范，语言明确，不仅提供了可供学生写作参考的范文，更是为引导教育学生学纪法、守规章、做表率树立了典范。

项目八　经济类文书

任务目标

【知识】

了解经济类文书的概念和特点，掌握经济类文书的基础知识。

重点掌握合同、策划书、广告等文种的写作格式。

【能力】

能够写出格式规范的经济类文书。

提升学生的写作水平，培养学生撰写常用经济文书的能力。

【素养】

培养学生讲诚信、守约定，遵守法律规章的思想意识。

培养学生创新思维、求真务实的精神和平等的思想观念。

任务一　合同

任务情境

大学生小张通过校园招聘进入一家公司实习。为了实习方便，小张准备在公司附近租一间房子。经过一番联系寻找，小张发现李女士准备出租的房子正符合自己的要求，小张对房子非常满意。经双方协商，李女士以每月900元的租金将房子租给小张，租期为一年。请你为双方拟订一份房屋租赁合同。

【思考】一份完整的合同包括哪些内容？

【小贴士】

合同签订后要受到法律的约束，我们在现实生活中要讲诚信、守约定，遵守法律规定，不能肆意妄为。让我们从自身做起，做诚信守法的公民。

任务指南

一、合同的发展

合同在中国古代已有悠久的历史。《周礼》对早期合同的形式有较为详细的规定。合同当时是商品交易的凭证，书写于木板上，被称作"书契"，"书"是文字，"契"是将文字刻在木板上。木板一剖为二，称为左契和右契，双方各执一份，即"同而有别"。兑现时，"合之以为信"。"合同"即合为同一件书契，有"验合相同"之意，这是"合同"一词的本义。另外，判书、傅别、书契等都是古代合同的书面形式。经过唐、宋、元、明、清各代，法律对合同的规定也越来越系统。今天签订的各种合同都是在纸张上，在古代却是实物。由此看来，古今意义上的合同已不可同日而语。

二、合同的概念

《中华人民共和国民法典》第三编合同规定："合同是民事主体之间设立、变更、终止民事法律关系的协议。"

根据《中华人民共和国民法典》的规定，民事主体包括自然人、法人和非法人组织。

（1）自然人：指基于自然出生，具有民事权利能力，依法享有民事权利和承担民事义务的个人。

（2）法人：指具有民事权利能力和民事行为能力，依法独立享有民事权利和承担民事义务的组织。

（3）非法人组织：指不具有法人资格，但是能够依法以自己的名义从事民事活动的组织。

三、合同的特点

（一）内容的合法性

合同是当事人各方按法律要求达成的协议，签订之后就具有法律效力，受到法律的承认和保护，所以合同各方当事人和合同的内容都应具有合法的资格。

（二）格式的规范性

合同有必备的条款和惯用的格式，在拟写或签订的时候，要注意规范，不能随意书写。

（三）效力的约束性

合同是当事人各方为明确各自权利义务而制定的具有约束力的协议，如果依法成立，就具有法律的约束力，任何一方不得违约，否则就要承担法律责任。

（四）主体地位的平等性

合同当事人双方的法律地位是平等的，是一种平等互利的伙伴关系，任何一方不得将自己的意志强加给另一方，必须遵守平等互利、协商一致的原则。

（五）条款的明确性

合同的条款内容十分明确，在订立合同时，当事人各方一定要明确双方的权利、义务及违约责任，否则极易产生合同纠纷。

（六）措辞的严密性

合同的语言表达必须严密准确，不能模棱两可、含糊不清。字、词、句甚至标点都要仔细斟酌，避免因疏忽或不当造成不必要的经济损失和纠纷。

> 【小贴士】
> 合同的拟订要严谨规范。在现实生活中我们做事做学问同样要有严谨认真的态度，同时，还要有平等的意识，做人做事不卑不亢，弘扬社会主义核心价值观。

四、合同的分类

（一）按合同形式划分

合同按形式可分为书面形式合同、口头形式合同和其他形式合同。

（二）按合同写作形式划分

合同按写作形式可分为条款式合同、表格式合同以及表格条款相结合式合同。

（三）按合同内容划分

合同按内容可分为买卖合同、建筑工程合同、承揽合同、运输合同、技术合同、保管合同、借款合同、委托合同、赠与合同和租赁合同等。

（四）按合同有效期限划分

合同按有效期限可分为长期合同、中期合同、短期合同和终身合同。

五、合同的写作格式

合同由标题、立合同双方名称、正文、结尾四个部分组成。

（一）标题

合同标题的写法有三种：一种是由合同的性质和文种两个要素构成，如《借贷合同》《购销合同》等；一种是由合同标的、合同性质和文种三个要素组成，如《房屋租赁合同》；再有一种是由单位名称、合同性质和文种三个要素组成，如《××公司仓储合同》。

（二）立合同双方名称

在标题之下，分行并列写签订合同双方的名称。若是自然人，应写明姓名（与身份证上姓名一致）；若是法人或非法人组织，应写明全称（与印章上一致）。为方便表述，可在姓名或全称的后面注明"甲方""乙方"或"供方""需方"等。

（三）正文

正文是合同的主体内容，包括前言和主体两部分。

1. 前言

用简明的语言说明签订合同的目的或依据。大体内容和习惯用语一般是：为了××（目的),根据《××》(法律)规定,经双方(或多方)协商,就××一事达成一致,特签订本合同,以便于共同遵守履行。

2. 主体

主体包括法定条款和约定条款两部分。

(1)法定条款:

①标的。合同中当事人双方权利和义务共同指向的对象称为标的。标的是经济活动所要达到的目的,如货币、物资、产品或某种劳务服务。合同的标的必须明确、具体,否则合同就无法履行。

②数量和质量。数量是用计量单位和数字来衡量标的的尺度,也是确定权利与义务的标准。合同中计量单位必须明确。数量计量单位有统一规定,重量、长度、体积、面积都要用国家标准计量单位。质量是标的的内在素质与外观形态的综合反映,如产品的品种、规格、型号等。质量必须有具体的规定,如国家标准、部颁标准或企业标准。

③价款或酬金。价款、酬金是标的的价值标志。价款是根据合同取得标的物的一方当事人向另一方当事人支付的代价;酬金是根据合同取得劳务的一方当事人向对方当事人支付的报酬。

④履行的期限、地点和方式。履行期限,指当事人交付标的和支付价款(或酬金)的时间界限。当事人双方必须严格执行协议的时间,期限时间宜实不宜虚,宜具体不宜笼统,最好确定具体日期,如不能定实际时间,应用"以前""以内"等字眼表述,而不应用"以后",也不可用"尽可能在"或"争取在"等字眼。履行地点是指合同双方交货、提货、施工、检验、付款的地理位置。履行方式是指当事人完成合同义务的手段和方法,包括交货方式、运输方式、结算方式、验收方式等。

⑤违约责任。指当事人不遵守合同所应负的责任,这是对违约者的制裁措施。处罚应该是对等的,是对双方的共同要求。订立违约责任时,应尽量细致、周全、具体、明确,尽量避免使用模糊语言,以免执行困难。

⑥解决争议的方法。发生争议时,是通过仲裁方式解决,还是通过法院审判方式解决,在合同中应明确约定。

(2)约定条款:除上述条款外,还应根据法律规定或当事人的要求写明一些必需的条款。要注明合同的份数、保管方式、有效期,变更合同的条件,合同附件的名称或件数,以及因为标的的特殊性所产生的个别条款等。

(四)结尾

结尾一般包括签订合同各方的名称、法定代表人的签名、联系电话、开户银行及账号、法定地址、邮政编码、签订日期等,这些信息都应写清楚。

六、合同的写作模板

××合同

立合同人×××(以下简称甲方)
　　　×××(以下简称乙方)
　为了××××××××,经双方协商,特签订本合同(签订合同如下)。××××××××××

××（主体）。

甲方：×××（印章）　　　　乙方：×××（印章）
地址：××××××××　　　　地址：××××××××
法定代表人：×××（签章）　法定代表人：×××（签章）
委托代理人：×××（签章）　委托代理人：×××（签章）
联系电话：××××××××　　联系电话：××××××××

××××年××月××日

七、合同的写作要求

（一）条款内容齐备

合同的条款是否齐备，决定了合同能否成立、生效，能否顺利地履行。因此，在订立合同时，基本条款内容应详尽，不能有疏漏，否则，就会引起合同纠纷。

（二）语言表达准确

合同写作要字斟句酌，反复推敲。合同中使用的概念或词语必须准确无误，不能含糊其词、模棱两可，更不能产生歧义。表示价款、报酬和物品的数字必须大写。

（三）文面整洁，不得随意涂改

合同一经签字盖章，就具有法律效力，任何一方不得随意涂改。如果发现合同内容、文字有错漏，或者因特殊情况必须改正、补充、修订时，当事人一定要协商一致，应在修改处加盖各方当事人的印章。

八、合同的评价标准

项目	评分标准	分值	自评得分	互评得分
格式	结构完整，按照合同的规范格式书写	30分		
内容	内容条款完备，明确具体	20分		
	内容合法，措辞严密，条理清晰	20分		
语言	语言简洁清楚，客观严谨	30分		
	总分	100分		

例文赏析

货物运输合同

托运方（甲方）：××风扇厂　　　　　法定代表人：张××，厂长
承运方（乙方）：××大型汽车运输有限公司　法定代表人：王××，董事长
根据《中华人民共和国民法典》的有关规定，为了保障甲方货物汽车运输业务顺利开

展,甲、乙双方经平等协商就甲方委托乙方承运茂名石化产南海牌聚乙烯、聚丙烯从茂名石化乙烯厂仓库运至顺德美的风扇厂一事达成一致,特签订本协议。

一、运输作业程序

甲方发出运输指令→乙方回复认可书→甲方装货→双方验货后签收→乙方代收增值税发票后将货运往目的地→收货单位/收货人验签→验收后乙方索取回单联交甲方,并开具发票→甲方审查无误后月内承付运费。

二、到达时间、运输价格约定

1. 到达时间:按照甲方的要求执行。

2. 运输价格:壹佰元每吨,采用汇款或现金方式结算。

三、甲方义务

1. 以电话或传真方式向乙方发出运输指令,包括发运时间、运输方式、汽车数量、货物名称、数量,并准确提供发运地方和目的地。

2. 提供运输途中所需的法定手续、证明文件及货物运单。

3. 按协议履行付款义务。

四、乙方义务

1. 乙方接到甲方电话或传真指令后,必须按甲方要求的启运时间装车发出。如不能按时启运,须在半小时内以书面形式回复,可由其他运输单位承运。货物装车后,以茂名石化公司开出的发票所记载内容为当次运输交易的最具法律效力之数量,同时甲方开出货物送货单交乙方。

2. 乙方必须严格执行甲方有关的货物跟踪制度,如不执行,甲方有权对乙方进行停运处理。

3. 货物到达后,乙方必须提供货物送货单交收货人签收的到达日期、品种数量及损坏等情况,到达日期如有涂改必须有收货人盖章。

4. 乙方承运的货物必须运送到甲方指定地址并交给指定的收货人。

五、违约责任

1. 甲方违约责任:甲方延迟付款的,按照银行同期贷款利率支付延期利息给乙方。

2. 乙方违约责任:

(1) 乙方承诺启运后但在启运时间内未承运的,按每车次人民币壹仟元支付违约金。

(2) 除乙方提交有交通部门出具的文件证明交通事故外,乙方发运的货物在到达时间未在规定期限内到达,每延迟一天按人民币伍仟元支付违约金,超过合理期限,每延迟一天按前述金额的双倍支付违约金。合理期限按运输行业通告标准确定。

(3) 乙方为消除延误责任或其他责任,在有关证明文件上弄虚作假或捏造不存在的"被查"事件,经甲方查证属实,甲方有权单方面解除本协议执行,并止付一切运费及风险保证金。

六、解决争议的办法

本协议未尽事宜由双方协商解决,协商不成,由甲方所在地法院裁决。

七、其他

本协议一式两份,甲、乙双方各持一份。本协议自签订之日起至××××年××月××日有效，最长不超过一年，否则超过部分无效。协议执行过程中，任何一方有协议规定以外的重大违约事项出现的，另一方可向对方提出终止履行。

本协议所引用之文件，均为本协议有效组成部分，具同等法律效力。

甲方（盖章）：××风扇厂	乙方（盖章）：××大型汽车运输有限公司
主要办事机构地址：（略）	主要办事机构地址：（略）
邮政编码：（略）	邮政编码：（略）
联系电话/传真：（略）	联系电话/传真：（略）
开户银行：（略）	开户银行：（略）
账号：（略）	账号：（略）
签约代表（签名）：×××	签约代表（签名）：×××
审批日期：××××年××月××日	审批日期：××××年××月××日

【例文分析】

这是某风扇厂与运输公司签订的货物运输合同，结构完整，项目齐全。标题标明合同的内容和文种，简洁明了，清楚明确。正文部分有两方面的内容，一是签订协议的目的；二是协议的具体内容，采用条款式的方式，条理清晰，内容周详，语言运用准确严密。最后落款写明双方单位名称、地址、邮编、电话、开户银行及账号等，内容完备。

拓展资源/学习资源

合同（上）

合同（下）

任务二 策划书

任务情境

学院文艺部准备近期组织一场学生辩论赛，李明是学院文艺部部长，负责组织策划本次辩论赛活动，老师要求李明拟写一份活动策划书。请你代李明撰写策划书。

【思考】 你了解策划书的写作格式吗？

【小贴士】

我们在撰写策划书时要开发想象力，激发我们的创新意识，突破固有的思维模式，积极开拓创新。有创新就有突破，有创新就有发展。

任务指南

一、策划书的概念

策划书是对未来某一确定时间的某项活动或者事件进行整体运作和安排，所撰写的具有计划性的文书。

策划书按照内容一般分为商业策划书、广告策划书、活动策划书、营销策划书、网站策划书、项目策划书、公关策划书、婚礼策划书、医疗策划书等。本书结合学生专业岗位和校园生活，重点讲解活动策划书的写作。

二、策划书的特点

（一）计划性

针对未来将要进行的活动或即将发生的事件进行提前规划。

（二）前瞻性

写作重点要在当下实际状况的基础上着眼未来，而非现在。

（三）创意性

评价一份策划书的写作是否成功，一个重要因素就在于策划的主题活动是否有新意、独创性，这样才能具备较好的实操效果。

（四）综合性

任何策划都是一项系统的工程，不仅要有前期的调查、策划书的拟写、执行过程的控制和调整，更要有风险评估和后备方案。

三、策划的准备活动

（一）明确活动策划的原则

撰写策划书前要明确以下的相关问题，才能够调查实际情况、收集资料，撰写出有说服力的策划书。

（1）前提条件——活动开展所必须具备的先决条件。

（2）目的性——明确活动举办的最重要和最终的目的是什么。

（3）周密性——保证活动策划书的周密性，指的是即便是对活动不了解的人拿着活动策划书也能把活动完整顺利地按照设计者最初的想法完成，以及考虑到了可能发生的突发事件。

（4）差异性——明确所策划的活动在什么地方，用什么样的方式表现出它独特的魅力，与其他活动相比其亮点在哪里。

（5）后备方案——周密考虑活动中可能发生的突发事件并拿出后备方案，虽然突发事件的发生是具有相当的不确定性的，但是要事先对所有能够考虑到的突发事件有所准备。

（6）有效分工——相关部门良好协作，共同策划。要保证活动所涉及部门对于该活动计划的参与性和协作性。

（7）后继性——应具备系列活动的思维，就是活动并不一定只办单独的一个，很可能会是一系列连续性的活动。

（二）写策划书的前期准备

（1）确定活动种类和活动方向。根据活动对象的意向确定活动种类、活动方向，可以通过小规模的简单调查等方式来开展。

（2）确定活动的四要素。四要素包括时间、地点、人物、事件。

（3）确定大体活动流程。把活动整体进程分为几大主要部分，前后紧密衔接。

（4）确定详细预案并细化分工。活动以及活动的前期准备，宣传当中该怎样详细的分工，对于每个细化的任务都要分工到负责人而且要明确任务的要求，确定活动中每一个细化的板块应该怎么样去做。

（5）确定时间推进表。安排整体活动工作的进程要拿出详细的时间推进表，对于每一个细化的分工任务都要有明确的完成时间。

（6）确定活动预算。

四、策划书的写作格式

策划书由标题、正文、结尾三个部分组成。

（一）标题

活动策划书的标题应尽可能具体地写出策划名称，置于页面中央，一般可采用公文标题的三项式结构——发文机关、活动名称和文种，如《××学院元旦晚会活动策划书》。也可写出正标题后将此作为副标题写在下面，必要的情况下可以加上时间，如"法治时代之走进××××大学经管学院"是正标题，"××大学经管学院法制活动策划书"是副标题。

（二）正文

1. 活动主题

每份活动策划书必须要有一个明确集中的主题，选取当前最重要、最值得推广的主题传达给大家，才能显示出活动策划书的独到之处，否则资源分散利用就会减弱策划的效果。而对于主题，不仅要突出表明，还要通过各种方式来体现和深化，这就是包装主题。对主体的包装要体现在整个活动策划的过程中。

2. 活动背景

这部分内容应根据活动策划书的特点在以下项目中选取内容重点阐述：基本情况简介、主要执行对象、近期状况、组织部门、活动开展原因、社会影响、相关目的动机。

3. 活动目的

该部分内容应用简洁明了的语言将目的要点表述清楚。在陈述目的要点时，该活动的核心构成或策划的独到之处及由此产生的意义（经济效益、社会利益、媒体效应等）都应该明确写出。活动目标要具体化，并要满足重要性、可行性、时效性，有了明确目的，活动才能展现创意，才能有的放矢、顺利开展。

4. 活动时间和地点的安排

活动地点和相应时间分配都应详细列出，也可以通过表格列出详细计划。

5. 活动安排

作为策划的正文部分，不但表现方式要简洁明了，使人容易理解，而且表述方面要力求详尽，写出活动全程每一点能设想到的东西，不应有遗漏。在此部分中，必要的话可以在文字表述之外，适当加入统计图表等辅助说明。对策划的各工作项目，应按照时间的先后顺序排列，绘制实施时间表有助于方案核查。人员的组织配置、活动对象、相应权责及时间地点也应在这部分加以说明，执行的应变程序也应该在这部分加以考虑。

这里以校园活动策划为例，提供一些参考，如会场布置、接待室、嘉宾座次、赞助方式、合同协议、媒体支持、校园宣传、广告制作、主持和领导讲话、司仪、会场服务、电子背景、灯光、音响、摄像、信息联络、技术支持、秩序维持、衣着、指挥中心、现场气氛调节、接送车辆、活动后清理人员、合影、餐饮招待、后续联络等。

具体的活动安排在实施操作中分为三个阶段：

（1）前期准备。主要包括人员的职责分配、物资的筹集和试行方案的准备。把这三类要准备的内容分为已有资源和需要资源，并按照试行方案进行活动模拟，以减免活动真正进行中的不确定因素。

（2）中期实施。主要是活动过程的现场控制。在策划书中应对参与活动的工作人员及各方面做出细致严格的纪律要求，以确保策划书能顺利无误地落实。在现场控制上，主要是把握好各个环节的衔接和各方面工作的配合，做到忙而不乱、有条不紊。

（3）后期分析。对活动结果进行回顾总结。

6. 费用预算

活动的各项费用在根据实际情况进行具体、周密的计算后，用清晰明了的形式列出。应按照活动具体内容逐项计算，并将其他费用和备用费用一并计算。如果费用有规定标准，要按标准确定并列出依据。

7. 意外防范

内外环境的变化，不可避免地会给方案的执行带来一些不确定性因素。因此，当环境变化时应有应急防范措施和第二备案来降低损失。所以，这部分也应包含在活动策划书中。

（三）结尾

结尾可采用多种形式，如总结式，对整篇文章进行总括分析，点名文章主旨；也可用展望式，对活动所达到的预期效果进行预测，来增强策划书的说服力。

五、策划书的写作模板

×××××××活动策划书

一、活动主题

××××××××××××××××××××××××××××××××××

×××××××××
　　×××××××××××××××××××××××。（先确定主题，之后包装活动的主题。）
　　二、活动背景
　　××
×××××××××
　　××××××××××××××××××××××××。（重点放在环境分析的各项因素上，对过去、现在的情况作简单的描述，并结合其做预测、制订计划。）
　　三、活动目的
　　××
×××××××××
　　×××××××××××××××××××。（要有具体明确的说明和要求，且目标的制定要有时效性。）
　　四、活动时间和地点的安排
　　××
×××××××××
　　××××××××××××××××××。（详细化，可用表格展现。）
　　五、活动安排
　　××
×××××××××
　　××××××××××××××××××××。（即活动展开的具体流程，不仅以文字表述，也可适当用图表等，以时间顺序排列，有条理性。一般分三个阶段：前期准备、中期操作、后期延续。）
　　六、费用预算
　　××
×××××××××
　　×××××××××××××。（将费用总额和可能产生的利息分别估算，并且按实际内容逐项计算。）
　　七、意外防范
　　××
××××××××××××××××××××。（应有一定的应急措施，根据内外环境的变化，有一定灵活调整度。）
　　××
×××××××××
　　××××××××××××××。（结尾可进行总结或展望，可省略不必要的。）

六、策划书的写作要求

（一）内容具体简洁，主题单一突出

策划名称（策划主题）要尽可能具体地写出。比如，《活动策划书》，仅仅这样写是不

够的，必须要清楚地写出《××学院文化节活动策划书》。要有技巧地把策划目的、策划内容的要点用简短的几行写出，同时也要把策划的核心构想或画龙点睛之处明确地写出。

（二）要有效果与结果的预测

对于该策划实行之后所能期待的效果与预测可得到的效果，应尽可能依据足以信赖的根据来提出。同时，费用与效果所表示出来的效率也要说明清楚。不论什么策划，要达到一百分是很困难的；对策划中出现的短处、问题症结不应回避，要在汇报中一一列明，并写出自己的想法。

（三）突出重点，围绕主题，勿面面俱到

在策划书的写作过程中，过分贪求是要不得的。贪求无厌表示一个策划里面纳入太多的构想，导致目标过多。若策划书中的观点和想法太多，就未免太过于热闹，这样一来，到底哪个是策划的焦点和主体、哪一个效果是最可期待的，就变得模糊不清了，并且容易增加活动成本，给策划书的审批通过和执行实施带来不利。

（四）方案具备良好的可操作性

执行是否成功，最直接和最根本地反映了活动策划书的可操作性。活动策划书要做到有良好的落实，除了周密的部署思考，细致、环环相扣的活动安排也非常必要。活动的方式和时间必须配合考虑活动地点的安排和执行人员的分配情况，设计尽量周全，且要考虑外部环境的影响。

（五）忌主观言论，重市场调查

在进行活动策划的前期，实际分析和调查是十分必要的，只有通过调查分析，才能够更清晰地认识到活动的意义价值，才能够有针对性地寻找解决之道。主观臆断的策划者是不可能做出成功的策划的。同样，在策划书的写作过程中，也应该避免主观想法，切忌出现主观类字眼，因为策划方案没有付诸实施，任何结果都可能出现，策划者的主观臆断将直接导致执行者对事件和形式产生模糊的分析，最终影响活动的效果。

七、策划书的评价标准

策划书的评价标准

项目	评分标准	分值	自评得分	互评得分
格式	文种选择准确，按照策划书的规范格式书写	30分		
内容	内容全面，主题单一	20分		
	重点突出，明确具体	20分		
	客观实际，具有较强的可操作性	10分		
语言	语言简洁得体，表述清晰	20分		
总分		100分		

例文赏析

××大学电脑协会义务维修活动策划书

一、活动主题

维修遍校园，爱心传万家

二、活动背景

随着电脑的普及，电脑出现故障也越来越常见。电脑出现故障，给同学们的学习与娱乐造成了一定程度上的影响。经了解，大一新生电脑故障现象尤为突出，已有不少同学向我们反映希望问题能得到解决。为此，特组织此次"阳光行动"。

三、活动目的

体现协会主旨，发扬学习雷锋助人为乐的精神，本部门将为全校师生无偿提供电脑维修服务。本次活动为在校师生解答电脑出现的问题和维修电脑出现的故障。

四、活动意义

宣传协会主旨，促进电脑知识的交流，增强维修队在大一生活区的知名度，考核队员的专业技能，为提高队员维修水平打下坚实基础。此活动还能体现服务队全心全意为同学服务的精神，同时更多地彰显本协会对新生的关怀。

五、活动地点

学一、学三食堂门口

六、活动服务对象

××大学全校师生

七、活动时间

2021年11月14日—11月16日

八、活动流程

（一）宣传阶段

1. 宣传时间：鉴于10月份开展的电脑现场义务维修活动在宣传方面未取得想象中的成效，我们打算加强宣传力度，将活动宣传时间定为2021年11月11日—11月16日。

2. 宣传方式：

（1）前期宣传（11月11日—11月13日）：

写宣传稿交广播台，配合海报进行宣传，在学校BBS上发置顶宣传帖，在桥头悬挂横幅，在学一、学二、学三饭堂及各宿舍宣传栏张贴海报。

（2）中期宣传（11月14日—11月16日）：

联系校内记者进行报道，在校报进行活动报道，在进行现场维修活动时，旁边可摆放一个活动展板。

（3）后期宣传（11月16日以后）：

联系校内记者进行报道，也可以向广播台投稿，联系报刊、电台等媒体进行报道，扩大活动协会影响力。

（二）实施阶段

1. 首先将部门人员分组，确定各组任务与职责，自行安排部门人员。
2. 同学在固定时间设点，维修队员到位进行义务维修服务。
3. 每天整理相关的维修电脑资料。

时间：

11月14日　9：30—12：00　　14：00—18：00
11月15日　9：30—12：00　　14：00—18：00
11月16日　9：30—12：00　　14：00—18：00

九、现场工作安排

活动开展时间（11月14日—11月16日），将会有学一、学三两个维修现场，具体安排如下：

1. 每天早晨10点至下午6点为现场维修时间（要求工作人员要提前半小时到场布置，可根据实际情况适当调整维修时间）。现场布置所需物资：桌椅、会旗、电线、细绳、中性笔、《报修登记表》、显示器、接线板、鼠标、键盘。

2. 现场人员要分工明确，避免人多时发生混乱，具体工作如下：

负责接待登记需上门维修的同学信息，及时登记每位现场维修同学的详细资料以方便事后统计，负责及时归还修好的电脑（登记时千万记录好笔记本的型号品牌，归还时一定要确认是本人电脑）。

3. 当天负责人要负责记录到场工作人员的工作情况以及工时，上报本部门备案，本部门最后会将工时记录表交监察部存档。

4. 当天结束后，各站点把当天的物资统一归还到取物资的地方。

十、活动预算（请办公室负责做资金预算）

1. 横幅两条。
2. 宣传海报（50张）。

十一、注意事项

1. 在活动开展前，先与新干事们说清楚现场维修过程中需注意的问题，以及告诉他们现场维修时的一些经验。

2. 每位志愿者的言行都代表着青协的形象，因此在整个维持秩序的活动中一定要注意自己的一言一行，注意礼貌问题。

3. 活动期间由部长合理安排人员，各工作人员认真执行布置的任务，做到井然有序。

4. 相关工作人员必须按照要求，认真负责完成工作，做好整理工作。

5. 活动期间，由于维修队人员调动问题，人数可能不够，其他部门应积极主动提供便利，协助配合完成活动。

6. 活动资料整理后交由办公室存档。

7. 现场维修电脑的活动虽然曾经开展过，但毕竟现在由新干事们组织，这对于新干事们来说还是有一定挑战的，所以部长们一定要与干事们同进退，不能掉以轻心，若遇突发情况，望能从大局出发积极地解决问题。

项目八　经济类文书

【例文分析】

　　这是一份大学社团活动的策划书，基本内容全面，主题突出，表述清晰，安排细致。活动策划书的主体部分按照前期宣传、中期实施、物资保障和人员分配等部分进行了具体合理的策划，方案具有较强的操作性。该策划书主题明确，突出了服务校园、义务维修的活动目的，并且各阶段的活动紧紧围绕主题开展，衔接紧密，保障了策划书落实的效果，是一份较为符合大学校园活动的策划书范例。

拓展资源/学习资源

策划书线下教学（上）　　　策划书线下教学（下）

任务三　广告

任务情境

　　汾阳杏花酒广告：

　　　　杏花汾酒远驰名，冽润甘芳品格清。
　　　　应起太白来一醉，好诗千首唤人醒。

【思考】 请分析评价以上广告词。

【小贴士】

　　这是一则文艺式的诗歌体广告。它利用杏花汾酒本身的历史内涵，营造了一种绵长的韵味，意境深远，使受众产生丰富的联想。杏花汾酒本身所蕴含的丰富内涵，因这首诗得以发扬光大；这首诗的内容与形式和谐统一、相得益彰，形象的联想展示了家喻户晓的民间传说、历史典故，迎合了人们的怀旧心理和朴素的审美情感，给受众留下了深刻的印象。

任务指南

一、广告的概念

　　"广告"一词出自拉丁文，本来的含义是"我大喊大叫"。如果就字面意思解释，广告就是"广而告之"的意思,即广告主体为了某种特定的需要,通过各种媒体公开而广泛地向社会发布、宣传有关商品、劳务、服务、观念等信息的一种信息传播形式。

广告有广义和狭义之分,广义的广告范围很广,包括了以营利为目的的商业性广告和不以营利为目的的非商业广告(如政治宣传广告、公关广告和道德教育广告等)。狭义的广告是专指以营利为目的的商业广告。本书讲述的就是商业广告。

广告是指商品经营者或者服务提供者承担费用,通过一定媒介和形式直接或者间接地介绍自己所推销的商品或者所提供的服务的手段。

广告是一种经济宣传手段,是商品经济的产物。随着社会主义市场经济体制的完善和扩大,商品生产和销售的竞争将日趋激烈,因此,广告在传播经济信息、商品知识,开拓国内外市场,繁荣经济,指导消费,促进文明进步等方面,正发挥着广泛而重要的作用。介绍商品的广告,通过宣传商品,说服消费者购买商品,扩大销路;报道服务内容的广告,通过介绍服务项目,扩大某种服务业的规模,取得良好的经济效益。

二、广告的特点

(一) 真实性

真实是广告的"生命",因此内容真实是广告创作的首要原则,广告所提供的商品或服务信息一定要真实,不能有虚假的成分,不能欺骗公众。

(二) 合法性

广告必须遵守国家法律法规,不能违反《中华人民共和国广告法》等有关法律规章的相关规定。

(三) 宣传性

广告通过图像、文字和声音等把商品和企业的相关情况介绍给公众,使公众了解商品的相关信息,扩大影响,促进销售。

(四) 艺术性

广告是一门综合艺术,好的广告不仅需要运用多样的艺术手法,而且需要综合运用多种艺术表现形式,以生动的内容和形式吸引大众的注意,目的是在宣传商品的同时,增强感染力。

(五) 简洁性

广告要引起大众的注意和兴趣,不仅要主题单一、重点突出,也要做到简洁。过于复杂、中心不突出的广告,难以给人留下深刻印象。

三、广告的分类

广告的种类根据分类标准的不同大致有以下几种:
(1) 按内容分,有商品推销广告、劳务信息广告、服务广告等。
(2) 按载体(媒介)分,有电视广告、广播广告、报刊广告、交通广告、户外广告、网络广告。

(3) 按制作方式分，有文字广告、物像广告、文字物像结合广告、表演式广告、综合式广告。

(4) 按文字表达方式分，有陈述体广告、论证体广告、抒情体广告、问答体广告、书信体广告。

四、广告的创作原则

广告是以营利为目的的，要最大限度地获取消费者的关注和喜爱，但也不是无章可循的，其创作往往要遵循以下原则：

（一）独创性

所谓独创性原则是指广告创意中不能因循守旧、墨守成规，而要勇于并善于标新立异、独辟蹊径。独创性的广告创意具有最大强度的心理突破效果。与众不同的新奇感能引人注目，其鲜明的魅力也会触发人们热烈的兴趣，能够在人们脑海中留下深刻的印象。长久地被记忆，这一系列心理过程符合广告传达的心理阶梯的目标。

（二）真实性

首先，广告必须以事实为依据，以真实为基础。其次，广告要以信为本，讲求信誉。最后，广告内容要完整，既介绍产品的优点，又可根据具体情况向社会公众提出必要的忠告。

（三）思想性

广告要有确切的思想内容，不能言之无物、空泛肤浅，并且要围绕大众，为大众着想，站在大众立场上去思考，向大众普及知识或传递健康积极的舆论。

（四）战略性

创作商业广告，虽以营利为目的，但不能图眼前一时之利，而是力争将企业的文化特色和经营理念传递给消费者。首先要得到消费者的心理认可，将品牌做大做强之后，才可能长久占据市场地位，获取长远利益。

【小贴士】
我们在广告创作过程中一定要遵循广告的创作原则。真实是广告创作的基础，在现实生活中，我们对人做事都要有一颗真实真诚的心。客观真诚是我们应当具备的优秀品质，也是我们中华民族的传统美德。

五、广告的写作格式

一份完整的广告文案包括标题、正文、广告标语和随文四个部分。

（一）标题

广告标题是广告主题的集中体现，具有突出主旨、提示要点、引人注意、激发消费者阅读广告正文、加深印象、促使消费者进行购买的功能。优秀的广告标题往往能起到画龙点睛的作用。因此，精明的广告制作者都特别重视标题的制作。

广告标题分为直接标题、间接标题和复合标题三种。

1. 直接标题

直接标题即用简明的文字直截了当表明广告的主要内容，明确点明主题，使人一看即知。如：

（1）康师傅红烧牛肉面，就是这个味。（方便面广告）

（2）维维豆奶，欢乐开怀。（豆奶广告）

（3）蒂花之秀，青春好朋友。（洗发水广告）

2. 间接标题

间接标题即不直接点明广告主题，而是用耐人寻味的词句间接点明广告主题，用词讲究艺术性，多采用比喻、比拟等修辞手法和习惯用语或富有哲理性的文字语言。如：

（1）今年二十，明年十八。（香皂广告）

（2）小别意酸酸，欢聚心甜甜。（酸梅汁、杨梅汁广告）

（3）一切皆有可能。（运动品广告）

还有一种较为特殊的间接标题，使用谚语形式含蓄道出品牌的特性，使人印象深刻，达到事半功倍的效果。如：千里之行，始于足下。

3. 复合标题

复合标题就是把直接标题和间接标题组合起来，类似新闻标题形式。一则复合广告标题通常包括引题、正题和副题三种标题。引题用来交代背景，衬托主题，点明广告的意义；正题用来表明广告的主要内容；副题则是对正题的补充或说明。复合标题可以由引题和正题构成，也可由正题和副题构成，还可以是引题、正题和副题三者兼备。如：

（1）上海牙膏厂广告：

引题：请牢记五月的第二个星期天；

正题：献上一份深深的祝福。

（2）菜刀广告：

正题：宝刀不老；

副题：王麻子菜刀乃厨房之宝。

（3）花生广告：

引题：四川特产，口味一流；

正题：天府花生；

副题：越剥越开心。

广告标题的制作手法多种多样，有宣告式、号召式、颂扬式等，但不管怎样制作，都要与正文相符，题文一致，画龙点睛，力求醒目，出奇制胜。

（二）正文

正文是广告的主要内容，一般包括商品或服务的名称、质量、特点、功能、规格、价格等。正文可分为引语、主体和结束语。

1. 引语

引语紧接标题，是正文的开头部分，其主要任务是以概括精练的语言点明标题原意并引出广告的中心内容，为后面作一个铺垫。并不是所有的广告都有引语。

2. 主体

主体是广告文案的核心，它要用有说服力的事实或材料来宣传商品或服务所独具的优点或优势。主体可以是几句话，也可以是一段话或几个段落，常见的表达形式有：

（1）说明式：即用说明的表达方式直截了当地介绍商品的名称、规格、型号、性能、特点、用途等，为消费者直接提供商品信息。

（2）描述式：主要是用描述的方式和生动形象的语言介绍商品的性能、特点，目的是激发消费者的兴趣。

（3）证书式：主要是用企业或商品获得的荣誉或消费者的赞誉来肯定企业、商品或服务，以增强广告内容的真实性和说服力。

（4）论证式：主要是用议论说理的方式对消费者"晓之以理"，使消费者接受广告内容。

3. 结束语

结束语一般比较简短，一般要用简洁有力的鼓动性语句促使消费者采取购买行动，如：抗疲劳，当然三勒浆！

（三）广告标语

广告标语又叫广告口号或广告警句，是广告者从长远销售利益出发，在一定时期内反复使用的特定宣传用语。它既简短凝练、便于记忆，又独具个性、号召力强。

广告标语有以下几种类型：

1. 赞扬式标语

直接强调突出商品或劳务的优点，使人一看即知。如：

（1）康必得治感冒，中西药结合疗效好。（药品广告）

（2）盼盼到家，安居乐业。（防盗门广告）

2. 号召式标语

运用鼓动性的词句，直接动员消费者购买，采取行动。如：

（1）要想皮肤好，早晚用大宝。（化妆品广告）

（2）怕上火，喝王老吉。（饮料广告）

3. 情感式标语

使用幽默、刺激、富有人情味，引人联想的言辞显示商品的优点。如：

（1）我的眼里只有你。（纯净水广告）

（2）钻石恒久远，一颗永流传。（珠宝广告）

4. 标题式标语

放在标题位置，起代替广告标题的作用。如：

（1）中国电视报，生活真需要。（报纸广告）

（2）科龙、容声，质量取胜。（电器广告）

5. 综合式标语

综合上述各种形式，融合为一。如：

（1）拥有东芝，拥有世界。（电器广告）

（2）境由心生，自在娇子。（企业广告）

广告标语可根据表达的需要，放在正文的任何位置。

（四）随文

随文又称附文，是广告文案的附属内容，是对广告内容必要的交代或进一步的补充说明，其商标、商品名称、企业名称、公司地址、邮编、联系电话及联系人等信息，要写得具体、明确。广告文案不一定要将以上所说的随文内容全部列出，应根据广告宣传目标而有所选择。

六、广告的写作模板

×××××××（标题）

×××××××××××××××××××××××××××××××××××××（引语）。
×××。

×××××××××××××××××××××××××××××××××××（主体，商品或服务信息）。

××（结束语）。

×××××××××××××××××××××××××××××××××××（标语）。

单位名称：××××××

单位地址：××××××

联系人：××××××

电话：×××-××××××××

七、广告的写作要求

（1）遵守广告法及有关法规，端正经营思想，反对弄虚作假。《中华人民共和国广告法》指出，"广告应当真实、合法，以健康的形式表达广告内容，符合社会主义精神文明建设和弘扬中华民族优秀传统文化的要求。""广告不得含有虚假或者引人误解的内容，不得欺骗、误导消费者。"

（2）主题突出，构思新颖独特。广告写作要有明确突出的主题，不要泛泛而谈，要给消费者以鲜明的印象。同时为了激发消费者的需求欲望，要力求与众不同。创意就必须新颖独特，敢于突破常规，发挥创造性。

（3）语言简明精练。广告的语言运用，直接影响广告的效应。所以广告的语言要做到准确简洁、幽默机智、亲切平易、通俗上口，从而帮助消费者增强记忆。

八、广告的评价标准

项目	评分标准	分值	自评得分	互评得分
格式	文种选择准确无误，按照广告的规范格式书写	20分		
内容	内容合法，客观真实	20分		
	主题明确，重点突出	20分		
	构思新颖，富有思想性和创意性	20分		
语言	语言精练，通俗易懂	20分		
总分		100分		

例文赏析

别让疲劳弯您腰
三勒浆抗疲劳

每天，您的腰杆也许这样变化：

清晨——笔直

中午——打瞌睡

下午——不由自主弯曲

晚上——依靠床来支撑

工作过于紧张，让您缺乏充沛精力，腰杆由直到曲。疲劳的困扰由来已久，如今，三勒浆为您轻松解决。每天一支三勒浆，迎接工作挑战，随时随地挺直腰杆。

抗疲劳，当然三勒浆！

【例文分析】

这篇广告词用直接式标题"别让疲劳弯您腰，三勒浆抗疲劳"直接点明商品的名称和特点，让人一目了然。正文引语从消费者的身体体验出发，让人深有同感，主体着重向消费者介绍了"三勒浆"抗疲劳的功效，对消费者极具吸引力。结束语简洁有力，鼓动性极强。

任务四　新媒体文书

任务情境

大一新生小明即将开启丰富多彩的大学生活，刚入校不久学校的很多部门社团开展纳新活动,小明对新媒体部门很感兴趣,想要加入这个部门,为了能够顺利加入新媒体部门,小明都要做哪些准备?

【思考】新媒体与传统媒体有什么区别?

【小贴士】
　　随着社会的发展进步,新事物新技术不断涌现。我们要紧跟时代步伐,不断学习、不断进步,适应社会的发展需要,实现自我人生价值。

任务指南

一、新媒体的概念

　　新媒体是以数字信息技术为基础,以网络为载体,通过计算机、手机、数字电视机等终端,向用户提供信息和服务的传播形态。

　　相对于传统媒体而言,新媒体是报纸、电视、广播、杂志等传统媒体在新的技术支撑体系下出现的媒体形态,如微博、微信公众号等都属于新媒体的具体表现形态。

二、新媒体的特点

(一)互动性

　　互动性是新媒体的根本特征。新媒体使传播者与受众之间实现了真正意义上的实时对话和互动,使受众不仅有听的机会,而且有说的机会。

(二)即时性

　　新媒体的即时性特点主要体现在写作和发表的即时性和阅读的即时性。写作与发表同步进行,能够将传播者要表达的内容第一时间传播出去,也极大地方便了受众阅读。

(三)数字化

　　数字化也是新媒体的根本特征。新媒体的传播有非线性的特点,信息发送和接收可以同步,也可以异步。

(四)个性化

　　新媒体使传播者从传播形式、传播内容到主题都有鲜明的个人化特色,不拘泥于某种特定文体形式。

三、博客的写作

(一)博客的概念

　　博客是英文"Blog"的音译,该词来源于"Weblog"(网络日志)的缩写。我们常说的微博，即微型博客。关于博客的概念，目前没有一个统一的说法。

简单说，博客就是以网络为载体，使用特定的软件，在网络上发表和张贴个人文章的人，或者是一种通常由个人管理、不定期张贴新的文章的网站。

（二）博客的特点

1. 操作简单

简单是博客引人注目的一大特色，也是博客能够得到迅速发展的重要原因。博客易学易懂，无论是申请注册还是平台管理，操作起来都非常方便简单。

2. 开放互动

共享和交流是博客发展的核心支柱。网络的开放性决定了博客的开放性，博客的开放性表现在无论是对作者还是对读者都是完全开放的。博客集信息发布、传播、接收三者于一身，使作者与读者在网络上实现实时对话与互动。

3. 自我个性

个性鲜明是博客的重要特点。不同的博客作者在博客写作中风格各异，无论是外在形式还是内在内容都充分显现出其各自独特的个性。

4. 更新频繁

内容的持续更新是博客的生命力所在。博客写作贵在坚持，持续不断地更新博客内容，博客的生命力才会越来越强。没有了内容更新，博客就如同失去了生命力。

（三）博客的写作

博客的写作在结构格式、语言风格、篇幅长短等方面均具有很强的灵活随意性，这种随意性打破了传统写作中"篇章"的概念，使写作更加灵活自如。

（1）博客写作主题要专一、内容要集中。好的博客主题、内容应该是集中的。许多博客作者初写博客，往往什么都想写，结果常常是泛而不精、主次不分。与其面面俱到，不如集中主题，写得透彻深邃、突出特色。

（2）博客写作篇幅要简短、表达要简洁。博客无论是标题还是内容，都应当写得简洁明了。一篇博客的字数应当控制在1500以内，1500字左右是一个相对完整的表达和阅读单元，作者可在这个字数范围内基本叙述完一件事情，讲清楚一个观点；读者也可在短时间内集中精力读完文章而不至于产生阅读疲劳。

（3）博客写作语言要平实。博客写作要贴近生活、贴近受众，因此写作语言要平实。语言平实就是指语言要通俗易懂、朴素浅显，让读者一看就明白，一读就懂。

（4）博客写作要突出个性。博客写作是一种个性化的写作行为，通过个性化的视角和语言，表达个性化的思想。

四、微信公众号推文的写作

（一）微信公众号的概念

微信公众号是指用户在微信公众平台上申请的应用账号。通过公众号，用户可在微信平台上和特定群体用文字、图片、语音、视频进行全方位沟通和互动。

(二) 微信公众号的类型

1. 订阅号

公众平台订阅号，主要面向媒体和个人，旨在为用户提供资讯和信息，每天可以发送 1 条群发消息。

2. 服务号

公众平台服务号，主要面向企业，旨在为用户提供服务，每个月可群发 4 条消息。

3. 企业号

公众平台企业号，旨在帮助企业、政府机关、事业单位和非政府组织建立与员工、上下游合作伙伴及内部 IT 系统间的连接，并能有效地简化管理流程，提高信息的沟通和协同效率，提升对一线员工的服务及管理能力。

(三) 微信公众号推文的写作

1. 公众号定位

写作前应明确文章的写作对象以及写作目的，明确公众号的人群定位、地域定位、行业定位等，明确公众号的定位之后才方便公众号推文的撰写。

2. 选题

根据公众号的定位确定选题范围，从用户的需求入手，关注热点。

3. 组织素材

确定好了选题，就要开始搜集、组织写作素材。在日常生活中注意积累身边故事、热门微博内容、网络金句等，通过不同的渠道将选题相关的素材内容筛选出来，整理消化素材，选取文章角度，提取素材内容。

4. 内容撰写

推文的内容包括封面、标题、摘要、正文。

封面要吸引读者眼球，封面图片一定要选择贴合主题的高清图片，切忌偏离主题。一般来说，微信公众号封面图片的尺寸是 900 像素×500 像素，小封面图片尺寸为 200 像素×200 像素，可根据需要进行选择。

标题非常关键，要具有吸引力。好的标题能够快速地吸引用户的眼球，一个有创意有趣味的标题会吸引更多的用户打开来阅读。好的标题一定表述清楚，能够抓住推文的内容核心，抓住用户内心，触动用户。

摘要是微信公众号推文中显示在推送界面的一段文字，是推文的精髓所在，它可以是推文的中心论点，也可以是推文的简介。需要注意的是，在发送推文时如果忘记写摘要，会自动截取正文前一部分文字作为摘要内容。

正文的写作千变万化，充满巧思。不管是正文的内容体式还是语言风格都要与用户群体和公众号的定位相符。正文写作要有一条主线，内容要有延续性和扩展性。正文写作应图文结合，正文的排版应遵循简洁、清晰、对齐、统一，又有自身特色的原则。

五、新媒体文书的评价标准

项目	评分标准	分值	自评得分	互评得分
格式	格式书写规范工整	20分		
内容	开放互动，即时性特点	30分		
内容	个性鲜明	30分		
语言	语言平实，通俗易懂	20分		
	总分	100分		

例文赏析

走出迷茫——献给年轻的朋友

诗鸽

亲爱的朋友，不要在迷茫的路口徘徊，快把目光投向那蔚蓝的地方，不要沉浸于犹豫痛苦和忧伤，展开翅膀向理想飞翔！

不要抱怨阴雨霏霏，黑夜漫长，风雨后霓霞艳丽，属于你的天空会更加晴朗，终会喷薄出绚丽的光芒；不要嗟叹雪霜无情，酷暑炎凉，只要心中有了向往，凛洌的寒冬也有花儿陪你开放；不要抱怨世事浮华，人生沧桑，丑陋与邪恶只能在黑夜舞蹈，那美丽与善良将放射出耀眼的光芒。艰难中挺直你年轻的胸膛，磨砺中彰显你傲雪的芬芳。只要不懈进取，成功就在不远的前方！

打开窗户，让心中装满阳光。别抱怨不逢时、志难酬，你可知道，你的每一次迈步，都有无数注视你的目光。是非自有公论，功过苍天丈量。年轻就是财富，知识就是力量，你们是八九点钟的太阳。

不痴迷于花的梦幻，才能永沐花的馨香。唱一曲心中最美的祝福：真情永恒，大爱无疆。我们如蚕，到死丝尽；我们如烛，流泪发光；我们如绿，满蕴生机；我们如钟，空谷传响。我们如百灵无忧，我们如泉水欢唱；我们如鹰击长空，我们如松挺脊梁。

我们活着，如海洋宽阔博大，如火山喷发能量。我们死了，如日月星辰，如芝如兰，弥久飘香……

理想的天空永远年轻，奋斗的前方满是希望！

（仅把此文献给痛苦迷茫的网友们，愿你们早日走出困境！）

（转载自网易诗鸽博客http://buwenya.blog.163.com/blog/static121398036201012373743138/）

【例文分析】

该篇博文是作者为帮助一位年轻的网友走出迷茫而写的，对年轻朋友有一定的启发和激励作用。博主因一次错误用药，致使血液中毒，身心遭受巨大创伤，但博主坚强乐观，勇敢面对生活，用写作抒发情怀，用心灵与网友交流，鼓舞激励了无数网友。

项目九　工程类文书

学习目标

【知识】

了解工程类文书在建筑行业各项工作中的作用，明白其种类和使用范围。

【能力】

重点掌握招标书、招标公告、投标书、施工日志、竣工验收报告等5种工程类文书的内容、结构，能按照工程任务要求完成文书的规范写作。

【素养】

培养严谨敬业的工作态度和规矩意识。

树立建筑行业领域的规范作业意识及科学态度，坚持守正创新，养成礼貌沟通、平等诚恳的合作意识。

任务一　招标文书

任务情境

小王是一名BIM技术工程师。公司计划扩大业务规模开启新的建筑工程项目，为了鼓励公开竞争，确保项目质量，需发布招标公告并按照项目要求拟写招投标书，以便顺利推进工程。请你替小王完成相关招标文件的写作。

【小贴士】

着力推动高质量发展，需要社会各行各业不断提升发展质量，取得新突破。建筑工程行业发展过程中从业人员应始终保有公平竞争的意识，维护社会信用等市场经济基础制度，优化发展环境。

任务指南

一、工程招标文件的概念

随着市场经济的法治化、规范化，招投标已经成为国际国内各行业普遍使用的商业交易形式。其广泛运用在大宗货物买卖、工程项目建设、服务项目采购与供应中。

招投标工作流程较为复杂，一般先由项目方讨论招标方案，明确标的，再发出招标公告，之后撰写招标书；投标方根据招标文件了解项目情况，发出投标意向，对应招标书的要求编写投标书并参与竞标；最终，组织开标评标，选中中标单位，开启项目。通过公开招、投标，可有效增加各类经济业务的公正度、透明度，使社会经济活动更加合法、规范、有序。

（一）招标公告的概念

招标公告是指招标单位或招标人在进行科学研究、技术攻关、工程建设、合作经营或大宗商品交易时，公布标准和条件，提出价格和要求等项目内容，从中选择最优承包单位或承包人的一种文书。对于招标者来说，通过招标公告择善而从，可以节约成本或投资，降低造价，缩短工期或交货期，确保工程或商品项目质量，促进经济效益的提高。

（二）工程招标书的概念

招标书是一种告示性文书，是在招标过程中介绍项目情况、指导工作、履行一定程序所使用的一种实用性文书。它能提供全面情况，便于投标方根据招标书中的内容进行工作准备，规范有效指导招标工作的开展。

工程招标书是指招标单位就大型工程项目为挑选最优质承包方而进行招标的文书。

二、工程招标文件的特点

（一）规范性

招标文件的基本内容及编制过程均需符合《中华人民共和国招标投标法》（以下简称《招标投标法》）的规定、要求，避免违反《招标投标法》的有关规定，导致招标文件违法无效。

（二）竞争性

招标公告公开发出后，投标单位之间展开竞标，从而达到择优录用、质优价廉的效果。招标书可以促进招标单位加强管理，提升效益，同时促进投标单位改善经营，增强竞争。

（三）公开性

招标全过程需以公开、公平、公正为原则，招标文件必须公开向投标者发布，中标结果也需面向所有投标参与者通报。招标文件的语言表述要求明确清晰、准确无误，防止含糊其词、模棱两可，不能让潜在的投标对象对招标文件的内容产生两种甚至多种理解；招标文件的内容要具体明了、通俗易懂，防止缺少详细、可供操作的具体条款。

三、工程招标文件的写作格式

（一）招标公告的写法

招标公告包括标题、引言、条文内容、结尾。

1. 标题

标题格式为"招标事务+工程名称+文种（公告）"，如《××职业技术学院××路住宅小区路面维修及围墙改造工程项目招标公告》。

2. 引言

此部分说明项目的性质、特点、意义及公开招标的原因。

3. 条文内容

一般用分条列项的形式说明承包的指标、方式方法、承包人条件、其他可保证招标工作顺利进行的应知事项。

4. 结尾

结尾主要署上招标单位及其负责人姓名，无须再赘述其他。

（二）招标公告的内容要点

(1) 招标工程的名称和地址、内容和工程质量要求、建设工期、承包方式。

(2) 招标单位的全称及负责人姓名、地址、电话。

(3) 投标单位资格及应提交的文件，申请表报名的截止日期，领取招标文件的时间、地点等具体信息及开标的时间、地点等。

（三）招标书的结构和写法

招标书的结构包括标题、正文、落款、附件。

1. 标题

招标书标题的完整形式由"招标单位名称+标的（项目工程）名称+文种"构成，如《××建筑公司××大厦工程施工招标书》《××市××区薛岗安置房建设项目工程招标书》；有时可省略招标单位或标的名称，如《××住宅小区路面维修及围墙改造工程项目招标书》《商业区人行天桥一期工程施工招标书》；最简化形式可只写文种，如《招标书》或《招标说明书》。

2. 正文

招标书正文通常包括前言、主体、结尾三个部分。

(1) 前言简单说明招标单位的基本情况，即招标的原因、目的、依据及项目名称、规模、资金来源等。

(2) 主体是招标书的核心部分，一般用条款式或表格式，详细写明下列内容：

①招标项目的名称、性质、数量、技术规格。招标项目的性质，指项目属于基础设施、公用事业项目、使用国有资金的项目，利用国际组织或外国政府贷款、援助资金的项目；土建工程招标，或设备采购招标，或勘察、设计、科研课题等服务性质的招标。根据国家对招标项目的技术、标准，招标人应按照相关标准在招标书中提出具体要求。

②招标项目的实施地点、时间。实施地点指项目所在的具体位置，如工程的建设地点、服务项目的提供地点等。实施时间指设备材料的交付期、工程施工期、服务提供时间等。

③招标价格及其计算方式。指招标人对项目价格的估算，可列出详细的计算项目供投标方报价预算。

④评标标准与方法。招标企业评标时所依据的标准与采用的方法需要在招标书中进行简要的说明（可附评分标准表）。

⑤对投标方资质的要求。指招标方要求投标方是具有经国家有关部门认定的行业资质、依法成立的企业。招标方可要求投标方出具相关证书证明其资质。

⑥投标保证金数量或其他担保形式。为了体现招标工作的严肃性和可靠性，招标方一般要求投标方在获取招标文件或递交投标书时缴纳一定数额的保证金，定标后保证金需退还给未中标的投标人，也可在与中标人结算货款时作为抵押金。

⑦投标文件的编制要求。指招标方对文件的具体编制说明，可提出适合自己评标需求的要求，也可附文本格式。

⑧提供投标文件的方式、地点与截止时间。指发售招标文件的地点、负责人及费用。

⑨开标、评标的日程安排。指对招标工作的时间安排，有利于投标方合理安排准备时间。

（3）结尾写明招标单位的联系地址、电话、联系人、电子邮箱等有效联系方式。若是国际招标项目，还应将招标书进行翻译，写明付款方式及付款币种等。

3. 落款

落款处详细写明招标单位的全称、法定代表人、签署日期并加盖公章。这些内容如在招标书封面或正文部分已经写明，落款可以省略。

4. 附件

附件中要把说明项目内容的材料及其他有关文件附在招标书正文之后。这些材料可视作招标书的一部分，若附件较多，则可单独装订成册，也可作为其他招标书另发。

四、工程招标文件的写作模板

××工程××设计/施工承包招标公告

1. 招标条件

本招标项目已由×××批准建设，项目业主为×××集团有限公司，建设资金来自项目业主自筹及银行贷款，出资比例为100%。招标人为×××集团有限公司。项目已具备招标条件，现对项目管理区××工程××设计/施工承包进行公开招标。

2. 项目概况与招标范围

2.1 项目概况

主要工程量如下。

项目名称	建筑面积（m²）	主要工程内容	备注

2.2 招标范围及标段划分（略）

2.3 计划工期（略）

3. 投标人资格要求

本次招标要求投标人须具备以下资质要求，并在人员等方面具有相应的能力。

3.1 资质要求

投标人（非联合体）须同时具备以下资质：（略）

投标人以联合体形式投标的，须满足下要求：（略）

  3.2 财务最低要求（略）

  3.3 业绩最低要求

投标人（非联合体）须同时具备以下业绩：（略）

投标人以联合体形式投标的，须满足下要求：（略）

  3.4 人员最低要求（略）

4. 招标文件的获取（略）

5. 投标文件的递交（略）

6. 发布公告的媒介（略）

7. 联系方式

招标人：××××××

地址：××××××

邮编：××××××

联系人：×××

电话：×××-××××××××

邮箱：×××××××

五、工程招标文件的写作注意事项

（1）内容必须真实、完备、具体。招标文件是签订合同的依据，具有法律效力，因此，标书的结构一定要重点突出，条理清晰，逻辑性强，不能杂乱无章地堆砌内容。

（2）招标文件的编制要有法律观念。招标工作既要遵守相关行业的国际贸易规则，又要认真贯彻执行党和国家的政策法规。只有严格按照程序、标准编制，才能有效指导过程顺利开展，达到优选保质的竞争目的。

（3）措辞表述应周密、严谨、准确。招标文件的描述要精练、切中要害，尤其是对技术规格、质量及服务保修的表述应绝对准确无误，将各项技术指标落到实处，切忌含糊不清的表述、逻辑不清的言辞。

六、招标文件的评价标准

项目	评分标准	分值	自评得分	互评得分
格式	按照招标文件的规范格式书写	20分		
	排版正确、美观	10分		
内容	标的表述清晰准确，主体内容全面无遗漏，重点突出	20分		
	招标项目内容、数据翔实具体	20分		
	行文条理清晰	10分		
语言	语言严谨明确	20分		
总分		100分		

例文赏析

【例文1】

××校区××楼局部消防改造工程招标公告

根据学校工作安排，现对我校××校区××楼局部消防改造工程进行公开招标，欢迎符合资质条件的企业报名参加投标。

一、项目信息

项目名称：××校区××楼局部消防改造工程。

项目预算：20万元。

二、项目概况

××校区××楼地下室泵房消火栓、自动喷淋系统增加压力开关（直接启动消火栓、喷淋泵）；走廊排烟风口增加手动开启机构；增加防火门监控系统等改造内容。

三、投标要求

1. 具有国内独立法人资格，不接受联合体投标。
2. 具有消防设施工程专业承包二级以上资质。
3. 注册资金100万元及以上，外地企业须有进陕注册证。
4. 近三年承担同类工程（20万元以上规模）三项及以上。

四、招标方式

面向社会，公开招标。

五、报名和投标说明

1. 报名时间：2020年8月28日—8月31日。
2. 报名地址：××职业技术学校××校区××楼××室。
3. 联系电话：×××-××××××××；联系人：×××，×××。
4. 报名材料：

（1）原件：法人授权委托书或企业介绍信。

（2）验原件留复印件（加盖公章）：营业执照、法人及授权委托人身份证、消防设施工程专业承包贰级以上资质、安全生产许可证、近三年类似业绩合同（合同金额20万元以上）。

后勤保障处
2020年8月28日

【例文2】

××校区新建学生食堂室内装饰装修设计项目招标公告

根据学校工作安排，现对我校××校区新建学生食堂室内装饰装修设计项目进行公开招标，欢迎符合资质条件的单位报名参加投标。

一、项目信息

项目名称：××校区新建学生食堂室内装饰装修设计项目。

投资概算：人民币10万元。

二、项目概况

按照学校要求分区完成学生食堂-1层至5层就餐区、走廊、楼体间及其他公共区域室内装修设计，面积约5000 m^2。

三、投标要求

1. 投标人具有有效的"三证合一"营业执照，经营范围须包含工程装饰装修设计。

2. 投标方具有建筑装饰工程设计专项甲级及以上资质，并具有独立法人的投标单位。

3. 投标人近三年具有类似业绩（合同价款10万元以上）。

4. 法定代表人为同一人或者存在控股、管理关系的不同法人或其他组织不得同时在本项目内参加投标。

5. 本次招标不接受联合体投标。

四、招标方式

面向社会，公开招标。

五、报名和投标说明

1. 报名时间：2020年4月16日—4月21日。

2. 报名地址：××市××路19号××楼××室。

3. 联系电话：×××-××××××××；联系人：×××，×××。

4. 报名材料：

（1）原件：法人授权委托书或企业介绍信。

（2）验原件留复印件（加盖公章）：营业执照、法人及授权委托人身份证、建筑装饰工程设计专项甲级及以上资质、近三年类似业绩合同（合同金额10万元以上）。

后勤保障处
2020年4月16日

【例文2分析】

这是一篇常见的工程项目招标公告，其内容全面、结构规范、语句表述清晰，较为明确地体现了项目招标的各项要求。从业人员在招标过程中应始终秉持公平竞争、公正公开的专业意识，以促进行业发展更加规范，不断提升工程质量，只有这样才能建立稳定有序的发展环境。

任务二　投标文书

任务情境

××职业学院新校区建设项目开工在即，小王所在单位拟承接部分建设项目，决定参与竞标。小王作为项目经理，需撰写投标书并完成相关投标工作。

【小贴士】
投标是项目工程建设的起始环节，对项目工程能否顺利开展有重要的作用，工作人员一定要脚踏实地、严谨细致地编制投标文书并履行合约。

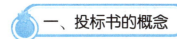

一、投标书的概念

投标是指在招标活动中，投标方按照招标单位提出的各项标准、条件，制作文书中取标的经济行为。投标是对招标的回应，投标单位应在投标工作中先提出申请，缴纳投标保证金，接受资格审查，研究招标书之后撰写投标文书并按要求发送投标文件。

投标书又称标函或标书，是指投标方根据招标单位的要求准备文件，密封（封标）后按时送达到招标人指定地点的书面文件。投标书中需说明具体的投标方案、项目报价、服务保障等各种有利条件，争取中标。

在正式开标之前，投标书应该严格保密，未盖印、未密封的投标书是无效的，招标方接到投标书后，也应妥善保存，不得启封。

二、投标书的特点

（一）规范性
投标书的制作过程和内容要符合《招标投标法》的规定，同时还要执行国家行业的质量标准，不能随意制作。

（二）针对性
投标书必须完全结合招标书的条件要求写出真实、明确、详细可供操作的具体条款。

（三）竞争性
投标书要充分显示自己的竞争能力，表明实力和优势，以便从竞争对手中脱颖而出。

三、投标书的分类

（1）按投标人员组成情况划分：个人投标书、合伙投标书、集体投标书、全员投标书、企业投标书。

（2）按文书的性质和内容划分：工程项目投标书、大宗商品交易投标书、选聘人员投标书、企业承包或租赁投标书、劳务投标书。

（3）按文书的作用划分：投标申请书、投标书、履约保证书。

四、投标书的写作格式

大多数的投标书都有封面,用来填写招标单位名称、招标项目名称、投标单位名称和负责人姓名或法定代表人姓名、标书的投送日期。

投标书由标题、正文、落款、附件四个部分组成。招标项目性质不同致使投标书的内容也不尽相同,大体包括目录、总投标价、分项报价表与投标书有效期等内容。

(一) 标题

一般由"投标单位名称+投标项目名称+文种"构成,也可省略投标单位名称,如《××项目投标书》,最简略形式可只写《投标书》。

(二) 正文

正文包括前言、主体两部分。

1. 前言

明确投标项目,交代投标目的和依据,简明扼要说明投标内容。

2. 主体

主体是投标书的核心部分,应对照招标书的要求和条件规定,真实细致地体现以下内容:

(1) 分析投标企业的现状,指出优势和存在的问题。
(2) 详细说明投标项目的具体指标,明确投标方式和投标期限。
(3) 提出完成项目任务的方案、措施,表明投标优势和决心,或提出有关建议和意见。

(三) 落款

落款应注明投标单位名称、负责人、联系人、单位地址、电话、邮编及制作日期,并加盖公章。

(四) 附件

附件一般包括担保单位的担保书、有关图纸和表格。就建筑工程投标书而言,附件包括工程量清单、投标价格表、主要材料、设备标价明细表,大型重要工程还要附上投标保证书。

五、投标书的写作要求

(1) 全面掌握招标项目情况。起草投标书前一定要了解清楚各方面的情况,尤其是全面了解招标公告内容,特别是招标项目的详细情况,如招标范围、规定、招标方式等。

其次,全面了解招标项目的行业市场发展情况,经过严谨调查研究和准确分析,掌握市场信息后慎重制作投标书。投标成本核算要合理,报价要适当,这样既能展示自身的竞争能力,又能在中标后获得一定的经济效益。

(2) 条件介绍要详细精准。投标方介绍自身条件和能力要实事求是,不夸大,不隐藏。投标书中的措施、办法要有实践性、可行性。各项指标和具体措施要重点介绍说明,做到既有利于对方作出正确判断，又为签订合同或进一步合作打下基础。

（3）内容表述要规范。投标书的内容要注意与招标书严格对应，明确说明招标条件和要求，单价、合计、总报价等各种数据均应精确无误；格式也需完整规范，内容全面。

（4）装订格式要避免漏洞。防止投标书制作装订中出现漏洞，如未密封或未加盖公章，或负责人未盖印章，或条件与招标规定不符等低级错误。若不注意，就可能导致投标无效。

（5）程序要遵守法律法规。投标者不得相互串通投标报价，不得与招标者串通投标，也不得以低于成本的报价竞标。应在规定的有效期内递交投标书。

六、投标书的评价标准

项目	评分标准	分值	自评得分	互评得分
格式	按照投标书的规范格式书写	20分		
	排版正确、美观	10分		
内容	主体内容全面无遗漏，重点突出	20分		
	项目具体指标表述清晰准确，符合行业规范要求	20分		
	行文条理层次明晰，结构合理	10分		
语言	语言严谨明确，实事求是	20分		
总分		100分		

例文赏析

××线上行K1111—K2222和K3333—K4444地质灾害隐患地段改线工程BTSG标段施工总价承包投标文件

1-1 投标函

××铁路局（招标人名称）：

1. 我方已仔细研究了××线上行地质灾害隐患地段改线工程（项目名称）BTSG标段施工总价承包招标文件的全部内容，愿以人民币（大写）××××××元（¥××××××）的投标总价，工期24个月，按合同约定实施和完成承包工程，修补工程中的任何缺陷，工程质量达到：杜绝工程质量特别重大事故、重大事故和大事故；遏制工程质量一般事故；确保本项目所有工程竣工验收全部达到国家或××铁路总公司现行的工程质量验收标准，按照验收标准，各检验批、分项、分部工程施工质量检验合格率达到100%。在合理使用和正常维护条件下，各项工程的施工质量，应满足设计使用寿命期内正常使用维护时的运营要求。

联合体投标的，联合体成员各自承担工作部分的报价分别为：

联合体成员1：（大写）　　/　　元（¥　/　）；

联合体成员2：（大写）　　/　　元（¥　/　）。

2. 我方承诺在投标有效期内不修改、撤销投标文件。

3. 随同本投标函提交投标保证金一份，金额为人民币（大写）××万元（¥××××××）。

4. 如我方中标：

（1）我方承诺在收到中标通知书后，在中标通知书规定的期限内与你方签订合同。

（2）随同本投标函递交的投标函附录属于合同文件的组成部分。

（3）我方承诺按照招标文件规定向你方递交履约担保。

（4）我方承诺在合同约定的期限内完成并移交全部合同工程。

5. 我方在此声明，所递交的投标文件及有关资料内容完整、真实和准确，且不存在第二章"投标人须知"第1.4.3项规定的任何一种情形。

6. 在正式合同签署并生效之前，本投标函连同你方的中标通知书，将构成双方之间具有约束力的合同。

我方理解，你方不一定必须接受收到的最低价投标文件或任何投标文件。

投标人：×铁×局集团有限公司（公章）

法定代表人或其委托代理人：×××

地址：××省××市××路××号

网址：www.×××.cn

电话：×××-××××××××

传真：×××-××××××××

××××年××月××日

【例文分析】

这份投标函结构完整，内容全面。在正文主体不分先后列出了投标资质、资格证明、投标保证金及行业标准等，全文符合法律规范，表述严谨、逻辑思路清晰，充分体现了社会主义法治精神的核心要义，值得学习。

任务三　施工日志

任务情境

小王所在单位是××建设集团下属一建筑企业，上班后领导要求他到工地实习锻炼，并且每天完成施工日志。

【小贴士】

大学毕业生初入社会，在工作岗位中应依靠个人的勤奋劳动和努力奋斗实现自身发展。投身建筑领域每天面对着数据和图纸，穿梭在钢筋与混凝土中间，虽然辛苦，但尽职尽责完成本职工作，把对美好生活的期盼转化为干事创业的强大动力，将会获得更强的职业自豪感！

一、施工日志的概念

《周礼》注:"志,古文识;识,记也。""日志"就是"日记","施工日志"就是"施工日记"。

施工日志,是关于建筑工程整个施工阶段的施工组织管理、施工技术等有关施工活动和现场情况变化的真实的综合性记录,也是处理施工问题的备忘录和总结单、提供管理经验的基本素材,还是施工竣工验收资料的重要组成部分。

二、施工日志的主要内容

由于施工日志是现场情况变化的真实的综合性记录,故它应以单位工程为记载对象,从工程开工起至工程竣工止,由指定专门负责人按天记录,并保证内容真实、持续和完整,记录人员要签字,主管领导也要定期签阅。具体信息包含日期、天气、气温、工程名称、施工部位、施工内容、应用的主要工艺;人员、材料、机械到场及运行情况;材料消耗记录、施工进展情况记录;施工是否正常;外界环境、地质变化情况;有无意外停工;有无质量问题存在;施工安全情况;监理到场及对工程认证和签字情况;有无上级或监理指令及整改情况等。

施工日志的主要内容包括含五个方面:基本内容、工作内容、检验内容、检查内容、其他内容。

(一) 基本内容

(1) 日期、星期、气象、平均温度:平均温度记为××~××℃,气象按上、下午分别记录。

(2) 施工部位:应将分部、分项工程名称和轴线、楼层等写清楚。

(3) 出勤人数、操作负责人:出勤人数一定要分工种记录,并记录工人的总人数,以及工人和机械的工程量。

(二) 工作内容

(1) 当日施工内容及实际完成情况。

(2) 施工现场有关会议的主要内容。

(3) 有关领导、主管部门或各种检查组对工程施工技术、质量、安全方面的检查意见。

(4) 建设单位、监理单位对工程施工提出的技术、质量要求,意见及采纳实施情况。

(三) 检验内容

(1) 隐蔽工程验收情况:应写明隐蔽的内容、楼层、轴线、分项工程、验收人员、验收结论等。

(2) 试块制作情况:应写明试块名称、楼层、轴线、试块组数。

（3）材料进场、送检情况：应写明批号、数量、生产厂家以及进场材料的验收情况，并补上送检后的检验结果。

（四）检查内容

（1）质量检查情况：当日砼浇注及成型、钢筋安装及焊接、砖砌体、模板安拆、抹灰、屋面工程、楼地面工程、装饰工程等的质量检查和处理记录；砼养护记录，砂浆、砼外加剂掺加量；质量事故原因及处理方法，质量事故处理后的效果验证。

（2）安全检查情况及安全隐患处理（纠正）情况。

（3）其他检查情况，如文明施工及场容场貌管理情况等。

（五）其他内容

（1）设计变更、技术核定通知及执行情况。

（2）施工任务交底、技术交底、安全技术交底情况。

（3）停电、停水、停工情况，施工机械故障及处理情况，冬雨季施工准备及措施执行情况。

（4）施工中涉及的特殊措施和施工方法、新技术、新材料的推广使用情况。

三、施工日志的写作要求

（1）施工日志填写不允许出现空白情况。

（2）施工简况：应记录施工项目进度、施工负责人、技术、安全负责人。

（3）施工进度：应记录当日完成工程的部位、具体工程数量。

（4）材料、设备进场及使用情况：当日进场设备、材料需记录，并记录材料使用在何部位。

（5）材料、设备检测或送检情况：进场材料需送实验室的应记录清楚，并检查其合格证、出厂检测报告，并写明由哪个监理见证、取样人是谁；不需送实验室的，现场应检验其合格证、出厂检测报告。

（6）主要机械设备进场使用情况：机械设备的运转情况正常与否。

（7）技术交底情况：当日作业进行内容技术交底时，应写明交底人、接受人、交底内容。

四、施工日志的写作注意事项

（1）按时、真实、详细记录，一定用正楷体书写，字迹工整、清晰。

（2）当日的主要施工内容要与施工部位相对应。

（3）养护记录要详细，应包括养护部位、养护方法、养护次数、养护人员、养护结果等。

（4）焊接记录要详细，应包括焊接部位、焊接方式（电弧焊、电渣压力焊、搭接双面煤、搭接单面焊等）、煤接电流、焊条（剂）牌号及规格、焊接人员、焊接数量、检查结果、检查人员等。

（5）其他检查记录要记得具体详细。检查记录记得详细还可以代替施工记录。

（6）停水、停电要记录清楚起止时间，停水、停电时正在进行什么工作，是否造成损失。

（7）施工日志应按单位工程填写，从开工到竣工验收时止，逐日记载，不可中断。

（8）若中途发生人员变动，应当办理交接手续，保持施工日志的连续性和完整性。

五、施工日志的评价标准

项目	评分标准	分值	自评得分	互评得分
格式	填报内容连续、全面	20分		
	书写工整清晰，不得涂改	10分		
内容	记录内容应真实、详略得当、重点突出	30分		
	项目具体资料应确保一致，防止差、错、漏、缺、误记现象	20分		
语言	用语规范，语言简明扼要，措辞严谨，应尽量采用专业术语	20分		
	总分	100分		

例文赏析

【例文1】

施工日志

工程名称：××大学实验实训楼项目

日期	2022年7月10日	气象	阴	风力	3~4级	最高温度（℃）	32
						最低温度（℃）	21

主要施工、生产、质量、安全、技术、管理活动：

　　今日进行5-11轴地下室挡土墙钢筋绑扎及5-11轴隔震层满堂支架搭设；11-16轴隔震支座安装。

　　1. 施工人员：钢筋工25人、架子工10人、普工15人、支座安装人员8人、现场管理人员8人，现场负责人：闫××、技术人员：文××、安全员：靳×、试验员：梁××。

　　2. 施工机械设备：塔吊1台、洒水车1辆、钢筋套丝机1台、钢筋切断机1台、弯曲机1台。

　　3. 施工情况：下午15:30分5-11轴挡土墙钢筋绑扎完毕，班组向工程部报验，现场技术人员对钢筋进行了验收，发现如下问题：（1）钢筋绑扎间距控制不好，部分区域间距过密，个别钢筋未绑扎，搭接部位未三点绑牢。（2）墙底施工缝处浮浆及垃圾未清扫干净、施工缝处未涂刷界面剂。随后，班组对相关问题进行整改，截止下班时未整改完毕，次日继续进行。5-11轴支架搭设今日完成立杆、水平杆搭设，现场情况正常。支座完成6个，情况正常。

　　4. 安全、质量、环保情况：（1）现场巡视发现1名架子工未正确佩戴安全帽，安全员现场对其进行了批评教育；（2）质量情况良好；（3）现场裸土覆盖100%，1台洒水车定时对扬尘部位洒水抑尘。

记录人	梁××	定期检查人	李××

【例文1分析】

此份施工日志记录全面完整、内容详细明确、表述具体清晰,起到了为工程施工及检验提供支撑材料的作用,可作为初学者的范例。

【例文2】

施工日志

工程名称:××大学实验实训楼项目　　□□□□□□□□

日期	2020年7月9日	气象	晴转多云	风力	3-4级	最高温度(℃)	29
						最低温度(℃)	20
主要施工、生产、质量、安全、技术、管理活动: 　　今日进行5-11轴地下室挡土墙钢筋绑扎、5-11轴隔震支座安装;11-16轴底板混凝土养护,11-16轴挡土墙脚手架搭设。 　　1. 施工人员:钢筋工25人,普工20人,塔吊司机及信号工各1名,支座安装人员8人,架子工3人。现场管理人员9人,现场负责人闫××,安全员张××,试验员梁××。 　　2. 施工机械设备:塔吊1台、洒水车1辆、钢筋加工设备3台。 　　3. 施工情况:5-11轴钢筋绑扎完成70%,11-16轴混凝土进行洒水养护。5-11轴支座全部安装完成,班组自检后,向工程部报验,工程部与班组共同验收,对个别螺栓紧固不到位情况,班组现场整改,检验合格后报监理验收,监理验收合格后同意进入下道工序。 　　4. 安全、质量、环保情况:(1)现场安全员对临时用电、深基坑周边进行巡查未发现异常情况,高空作业、施工机械设备防护情况良好。(2)工程部对满堂支架施工人员(架子工、模板工、普工)等20人进行了盘扣式满堂支架及模板施工安全技术交底。巡查巡检发现钢筋直螺纹套筒安装质量扭矩不足,责令钢筋班组进行了整改。(3)施工现场洒水车今日洒水12次,裸土区域覆盖100%,建筑垃圾已分类存放,废旧料回收到了指定地点集中处理。 　　5. 今日钢筋进场156t,试验室会同监理单位共同见证取样送检。							
记录人	梁××			定期检查人		文×	

【例文2分析】

该项目工程的施工日志记录较完整,内容详细清楚,表述具体无误,可作为项目施工日志的范本参照学习。

任务四　工程竣工验收报告

任务情境

小王是一家建筑工程公司BIM技术工程师,公司让其培训新进员工。为了提升员工专业能力,小王准备从项目施工监理开始,结合在校学习期间实训内容,提升他们的数据处理能力和分析问题能力，培养团队合作精神。请你替新进员工完成竣工验收报告的写作。

任务指南

工程竣工验收工作由监理单位组织，建设单位及施工单位共同参加。竣工验收程序包括工程竣工验收的准备工作、提交相关资料、组织验收会议、勘察汇报、验收审阅，最终由参与项目竣工验收的各方形成一致意见，决定此工程是否能通过竣工验收。若达到验收标准，则填写《建设工程竣工验收报告》；若未能通过验收，各方应协商提出解决办法，后期重新组织工程竣工验收。

工程竣工验收的相关材料多种多样，包括完成工程合同约定的各项内容、工程质量评估报告、勘察单位出具的质量检查报告、完整的施工管理资料、工程质量保修书、规划部门出具的验收合格证、公安消防部门出具的消防验收意见书、环保部门出具的环保验收合格证及单位工程施工安全评价书等一系列材料。只有上述材料齐全、符合要求后，由建设单位报送备案，才可进入工程竣工验收程序。

一、工程竣工验收报告的概念

竣工验收报告是指工程项目竣工之后，经过相关部门成立的专门验收机构，组织专家进行质量评估验收以后形成的书面报告。

二、工程竣工验收报告的内容

工程竣工验收报告的主要内容有建设依据、工程概况、施工工程完成简况、监理工作情况、建设单位工作情况、经济技术分析和工程总体评价。建设方与施工方可分别撰写验收文件。

（一）建设方工程竣工验收报告

1. 建设依据

此部分内容包括项目可行性研究报告批复或计划任务书、核准单位及批准文号、批准的建设投资和工程概算、规定的建设规模及生产能力、建设项目的包干协议等。

2. 工程概况

此部分内容包括工程前期工作及实施情况、工程的设计者、地质勘察设计单位、监理单位、施工单位、建设依据、规划许可证、施工许可证、建筑面积、结构类型、该建筑用途及各单项工程的开工及完工日期等。

3. 施工工程完成简况

此部分内容包括施工单位根据施工合同完成任务的情况，施工技术是否先进，工程质量是否达到合同要求，施工过程中是否严格执行各项法律、法规及地方标准，是否能有效保证质量和工期。

4. 监理工作情况

此部分内容包括监理服务是否满意，质量控制、进度控制、投资控制、合同管理、组

交通应用文写作教程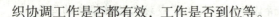

织协调工作是否都有效，工作是否到位等。

5. 建设单位工作情况

此部分内容包括建设单位如何开展基本建设工作，在工程建设中与监理单位、施工单位配合工作的情况、解决问题的情况、组织各阶段及竣工验收、工程技术档案的整理情况等，在工程建设中协调外单位和社会团体协作的情况等。

6. 经济技术分析

此部分内容包括主要技术指标测试值及结论、分析工程质量并对施工中发生的质量事故处理后的情况说明、建设成本分析和主要经济指标，以及采用新技术、新设备新材料、新工艺所获得的投资效益，投资效益的分析与形成固定资产占投资的比例，企业直接收益、投资回报年限的分析，盈亏平衡的分析。

7. 工程总体评价

此部分内容包括对该工程的满意度、该工程存在的问题、对其他方面进行总体评价、是否同意验收。

（二）验收方工程竣工报告

施工单位在工程项目竣工后，需填写工程竣工报告，其内容主要包括工程概况，招投标及合同管理，工程建设情况，工艺设备，环保、劳动安全卫生、消防档案管理，工程监理，交工验收和工程质量，竣工决算，问题和建议等。

工程竣工报告包括以下内容：

1. 工程概况

此部分内容包括建设依据，即行政主管部门有关批复、核准、备案文件，地理位置及自然条件描述，项目法人及施工、监理、质量监督等单位名称，开工、竣工日期。

2. 招投标及合同管理

此部分概述招标投标情况、招标投标存在的问题和处理意见、合同签订及执行情况。

3. 工程建设情况

此部分详细叙述各单项工程的工程总量、开工和完工时间、主要设计变更内容、工程中采用的主要施工工艺、工程事故的处理等，对各单项工程中的主要单位工程应着重说明其结构特点、特殊使用要求和建设情况。

4. 工艺设备

此部分叙述主要工艺流程、机械设备和工作车船的数量及其性能参数，制造厂家和供货、安装和调试情况，同时附机械设备一览表。

5. 环保、劳动安全卫生、消防和档案管理

此部分概述有关环境保护、劳动安全卫生、消防主要建设内容，工程档案资料归档情况，以及相关主管部门的专项验收意见。

6. 工程监理

此部分概述监理工作情况以及监理过程中存在的问题和处理意见。

7. 交工验收和工程质量

此部分概述交工验收情况。根据工程质量监督报告，综述工程质量评定情况以及存在问题的处理情况。

8. 竣工决算

此部分概述竣工决算情况以及审计意见。

9. 问题和建议

此部分如实反映竣工验收时存在的主要问题并提出建议意见。

三、工程竣工验收报告的写作模板

单位工程名称						
施工单位		项目负责人		开工日期		
项目技术负责人		项目质量负责人		竣工日期		
序号	项目	验收记录				验收结论
1	工程概况					
2	质量控制资料核查					
3	安全和主要使用功能核查及抽查结果					
4	质量验收					
5	工程建设情况					
6	综合验收结论					
参加验收单位	施工单位		监理单位	勘察设计单位		建设单位
	（公章） 项目负责人 年　月　日		（公章） 总监理工程师 年　月　日	（公章） 项目负责人 年　月　日		（公章） 项目负责人 年　月　日

四、工程竣工验收报告的写作注意事项

（1）已完成的计划和合同规定的各项内容要齐备规范。

（2）单位工程所含的分部工程均检验合格，契合法令、法规、工程建造标准。

（3）工程材料符合行业标准。

五、工程竣工验收报告的评价标准

项目	评分标准	分值	自评得分	互评得分
格式	报告内容全面、准确	20分		
	书写工整清晰，不得涂改	10分		
内容	报告内容应真实，验收评价应中肯、规范	30分		
	项目具体资料应确保一致，图表详细、数据标准	20分		
语言	表达规范、用语严谨，应尽量采用专业术语	20分		
	总分	100分		

例文赏析

×××隧道单位工程验收报告

一、单位工程概况

×××隧道位于××镇×××村附近，属××乡××河左岸中低山与河谷过渡地段，地形起伏不大，地面高程 1020~1090 m，隧道起讫里程为 DK1360+722~DK1361+098，全长 576 m，最大埋深约 55 m。隧道进口 40.53 m 位于直线上，其余 225.47 m 均位于半径为 1000 m 的曲线上。

隧道围岩等级为Ⅴ级，进出口附近分布有第四系上更新统风积砂质黄土，隧道洞身范围内粗角砾土夹有洪积砂质黄土，一般具有Ⅱ~Ⅲ级自重湿陷性，湿陷土层厚度为 7~18 m。

隧道进出口进设置明洞，结构采用复合式衬砌，初期支护采用喷锚支护，喷射混凝土采用湿喷工艺，支护参数见下表。

衬砌类型	预留变形量 (cm)	初期支护										二次衬砌	
		喷混凝土		锚杆			钢筋网			钢架		拱墙 (cm)	仰拱 (cm)
		厚度 (cm)	位置	位置	长度 (m)	间距 (环×纵)	位置	直径 (mm)	网格间距	位置	间距		
Ⅴj	8~10	23/23	全断面	拱墙	3.0	1.2 m×1.0 m	拱墙	φ8	20 m×20 m	全环	0.5m/榀	45	45
Ⅴh	8~10	23/23	全断面	拱墙	3.0	1.2 m×1.0 m	拱墙	φ8	20 m×20 m	全环	0.5m/榀	60	60

根据本隧道长度、进出口地质条件，便道条件本隧道采用进口单口掘进，三台阶法施工，正洞采用无轨运输方式。

主要工程数量表

序号	工程项目	单位	数量	备注
1	洞身开挖	m³	23170	
2	二衬混凝土	m³	6116	
3	衬砌钢筋	T	294	
4	初支混凝土	m³	2388	
5	钢筋	t	31	
6	型钢钢架	T	532	
7	明洞	延米	25	
8	护拱渡槽	延米	13	
9	洞口防护	m³	473	

二、单位工程验收参加单位

监理单位：×××建设监理有限公司

施工单位：×铁××局××工程项目部

三、单位工程验收组成员

组长：××

副组长：×××

成员：张××　陈××　张××　王×

四、单位工程验收时间

2020年8月20日

五、单位工程验收情况

1. 单位工程观感质量检查情况

洞身观感质量：拱部、边墙及隧底衬砌表面色泽均匀、曲线圆顺，整体轮廓清晰。

衬砌混凝土接茬处无较大错台、跑模现象。无蜂窝麻面或局部蜂窝麻面已修补。

洞内沟槽线条顺直美观。沟槽盖板无破损，安装牢固、平顺。

防排水观感质量：正洞和设备洞室衬砌不渗水，道床无积水，设备安装孔眼不渗水。洞室范围内无湿渍。

洞内外水沟流水坡面平顺，水流畅通，不积淤堵塞，泄水孔排水畅通。

2. 单位工程质量验收记录情况

×××隧道单位工程质量验收记录资料齐全完整，能全面反映工程的施工质量状况，满足验标要求。

3. 单位工程的实体质量和主要功能检查情况

×××隧道单位工程：衬砌混凝土强度及厚度符合设计要求，衬砌表面无裂缝。衬砌背后回填密实度符合设计要求，无渗水现象。钢筋混凝土保护层厚度符合设计要求。隧道衬砌内轮廓检测合格。

4. 单位工程质量控制资料核查记录情况

×××隧道单位工程质量控制资料齐全完整，能全面反映工程的施工质量状况，满足验标要求。

六、验收结论

单位工程施工质量满足设计和验标要求，实体结构安全和功能性检测结果满足要求，工程质量控制资料齐全、完整，验收合格。

【例文分析】

单位工程竣工验收报告是建设单位在建筑工程项目中的重要验收资料，该验收报告采取段落文字的形式书写，其主要内容包括工程项目的各项内容指标，需要着重说明检查评定资料项目的数量及检查结果是否合格达标。此份验收报告内容全面、语言表述规范，不仅用文字、数据相结合的形式详细准确地呈现项目验收的数据标准，更难能可贵地体现出质朴、严谨的劳动精神，值得借鉴学习。

参 考 文 献

[1] 辛华,龚雯. 交通应用文 [M]. 西安:西北大学出版社,2013.
[2] 陈军川,辛华,龚雯. 交通应用文写作 [M]. 西安:西北大学出版社,2016.
[3] 何军,王联合,户琳. 应用文写作 [M]. 北京:北京师范大学出版社,2021.
[4] 宋亦佳. 应用文写作 [M]. 北京:中国财政经济出版社,2021.
[5] 刘锡庆,吕志敏,王秋梅. 应用写作 [M]. 北京:外语教学与研究出版社,2014.
[6] 张建. 应用写作 [M]. 4版. 北京:高等教育出版社,2019.
[7] 郭雪峰,岳五九. 应用文写作实训教程 [M]. 2版. 北京:清华大学出版社,2016.
[8] 邓红. 经济应用文写作 [M]. 3版. 重庆:重庆大学出版社,2012.
[9] 王敏杰. 应用文写作 [M]. 北京:中国人民大学出版社,2015.
[10] 杨文丰. 现代应用文书写作 [M]. 5版. 北京:中国人民大学出版社,2017.
[11] 焦改丽. 建筑工程应用文写作 [M]. 北京:北京邮电大学出版社,2010.
[12] 马琳. 应用文写作实训教程 [M]. 济南:山东人民出版社,2017.
[13] 李景兰. 应用文写作教程 [M]. 西安:西北大学出版社,2006.
[14] 赵秉文. 当代应用文写作 [M]. 沈阳:辽宁教育出版社,2009.
[15] 朱淑萍,邹旗辉. 应用文写作 [M]. 北京:北京理工大学出版社,2019.
[16] 龚琪,史杰,刘云岚. 应用文写作基础 [M]. 2版. 北京:航空工业出版社,2018.
[17] 杨幸存,赵兴华,郭涓. 应用文写作 [M]. 上海:上海交通大学出版社,2020.
[18] 孙红. 应用文写作 [M]. 北京:国家行政学院出版社,2010.

附录

```
000001
机密
特急
```

××××× 文件

×××〔2022〕18号　　　　　　　　　签发人：×××

关于××××××××××的请示

××××××××：
　　××。
　　××

—1—

（注：版心实线框仅为示意，在印制公文时并不印出）

×××××××××××××。
　　×××。

○
××××××
2022年7月1日
公章

抄送：×××××，××××××××，××××××，
　　　××××××。

××××××   2022年7月1日印发

000001

机密★1年

特急

×××〔2022〕20号

×××××关于××××××的通知

×××，×××，×××，×××：

　　××。

　　××。

—1—

（注：版心实线框仅为示意，在印制公文时并不印出）

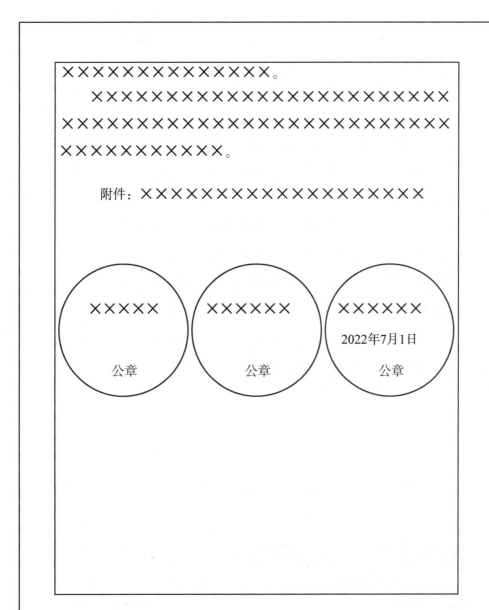

附件

　　　××××××××
　××××××××××××××××××
××××××××××××××××××
××××××。
　××××××××××××××××
××××××××××××××××××
××××××××××××××××××
×××××××××××××××××
×××××××××××××××××
×××××××××××。

抄送：×××××，××××××××，××××××，
　　　××××××。

××××××　　　　　　　　　　2022年7月1日印发